国家社会科学基金一般项目（项目编号：15BJY138）成果
东北师范大学一流学科—统计学“应用统计教育部重点实验室”资助

人口流动背景下农民公共品需求与有效供给研究

RENKOU LIUDONG BEIJING XIA NONGMIN GONGGONGPIN XUQIU YU YOUXIAO GONGJI YANJIU

史桂芬 著

中国财经出版传媒集团

图书在版编目（CIP）数据

人口流动背景下农民公共品需求与有效供给研究/史桂芬著. --北京：经济科学出版社，2020. 12
ISBN 978-7-5218-2154-3

Ⅰ. ①人…　Ⅱ. ①史…　Ⅲ. ①口流动-关系-农村-公共物品-供需平衡-研究-中国　Ⅳ. ①F299. 241

中国版本图书馆 CIP 数据核字（2020）第 241913 号

责任编辑：杜　鹏　胡真子
责任校对：王苗苗
责任印制：王世伟

人口流动背景下农民公共品需求与有效供给研究
史桂芬　著
经济科学出版社出版、发行　新华书店经销
社址：北京市海淀区阜成路甲 28 号　邮编：100142
编辑部电话：010-88191441　发行部电话：010-88191522
网址：www. esp. com. cn
电子邮箱：esp_bj@163. com
天猫网店：经济科学出版社旗舰店
网址：http：//jjkxcbs. tmall. com
固安华明印业有限公司印装
710×1000　16 开　12. 5 印张　200000 字
2020 年 12 月第 1 版　2020 年 12 月第 1 次印刷
ISBN 978-7-5218-2154-3　定价：52. 00 元
（图书出现印装问题，本社负责调换。电话：010-88191510）

前　言

随着工业化和城市化的快速推进，中国农村人口出现大规模流动，农村有生力量（青壮年劳动及农村技能人才）大量外流，中国农村“空心化”及人口老龄化的格局日趋形成。2014 年我国提出的新型城镇化发展战略也对农村人口迁移产生了影响。截至 2017 年末，我国流动人口规模已达 2.44 亿人，其中农业人口占流动人口的比例为 83.59%，由此可见，农村人口是流动人口的重要组成部分。[①] 从农村人口流动规模看，我国乡村人口占总人口比例由 1978 年的 82.08% 降至 2018 年的 40.42%。农民工流动呈现出家庭化特征，举家外出的农民工规模逐年扩大，由 2009 年的 12.91% 上升至 2014 年的 13.06%，上升了 0.15 个百分点。从流动人口年龄构成看，青年劳动力为流动人口的主要组成部分，新生代流动人口占比逐年增加，并于 2016 年增加至 56.5%。但是，流动人口平均年龄呈现逐年增加的趋势，流动人口平均年龄从 2011 年的 27.3 岁增至 2016 年的 29.8 岁。从流动人口的居住意愿看，流动人口对流入地定居意向加强，且呈现出家庭式人口流动的趋势。2015 年，57.34% 的流动人口打算在现居住地长期居住，其中，东部地区流动人口居住意愿最强，41.98% 的流动人口具有居住意愿，东北地区流动人口居住意愿最弱，占比为 8.21%。农村人口的迁移、农村人口数量及结构的变化，直接对农村公共产品的需求数量、需求结构、需求表达方式及消费方式等方面产生影响，这也是对我国一直以来以地域即以农村为主体的传统公共品供给方式的挑战。改革开放以来，我国农村居民消费水平不断上升，名义人均消费水平由 1978 年的 138 元增加到 2017 年的 11 704 元，增长了 83.81 倍。同时，1996 ~

① 前言数据由作者基于《中国统计年鉴》《农民工监测报告》《中国流动人口发展报告》计算得到。

2017 年，我国农民家庭的生存型消费比重有所下降，但其占比仍在 50% 以上，享受型消费从 13.79% 增长至 16.45%，发展型消费从 6.71% 上升至 23.44%，消费结构发生显著变化。“以人为本”的公共品供给思想要求农村公共品供给应更多关注农民的需求，应确立以农民为主体的农村公共品供给机制。结合中国现实，只有根据不同群体农民的不同消费需求提供公共品，才能在更大程度上提高农民公共品的供给效率，加快农村公共事业发展，这不仅是提高城镇化质量、促进新型城镇化建设的必然要求，也是消除城乡二元结构、提高政府财政支出效率、推动城乡统筹发展的必然选择。

近年来，中国学者也逐渐关注到农村流动人口公共品供给的问题。他们通过研究发现，农村人口不断外流，人才流失不断加剧，导致农村“空壳化”，农村社区公共品需求主体缺失，与此同时，流入城市的农村人口对城市公共品需求逐步增加。2016 年，我国东、中、西部地区分别有 70.01%、74.58%、76.16% 的流动人口家庭成员居住在本地，流动人口家庭化趋势明显，而且越来越多的流动人口子女、配偶、老人随迁至本地生活，使得流动人口对本地基本民生类公共品的需求意愿越来越强烈。但是，中国地方政府对公共品的提供是以户籍所在地为标准，流动农民所在城市不承担提供公共品的责任，而流动农民户籍所在地又因为地区限制以及公共品质量与种类的差异，无法有效满足流动农民对公共品的需求，致使农民公共品供给结构失衡与区域供给过剩并存的现象发生。此外，户籍制度也可能导致户籍歧视以及“搭便车”等问题的出现。现阶段，中国具有庞大的农村流动人口，流动农民公共品需求得不到满足会严重制约社会的发展与进步，但是针对农村流动人口公共品需求及有效供给的相关研究较少，无法判断现阶段中国农民公共品供给结构失衡程度，农民公共品需求与有效供给的相关研究亟须进一步深入，农民公共品供给机制亟须改进和完善。

基于此，本书结合中国经济发展现状，分别从流动农民和留守农民的角度，运用理论与实证相结合的方法，通过分析二者对公共品的真实需求以及地方政府对农民公共品供给水平的现状，提出相关政策建议。

本书具体章节安排如下。

第一章为引言部分，该部分在阐述研究背景及意义的基础上，明确研究内容及研究思路，并指出了可能的创新及存在的不足。第二章为本书核心概念界定及相关理论阐述部分。该部分界定了人口流动背景下农民公共品需求与有效供给的相关概念，包括人口流动的定义、公共品的概念、流动农民与留守农民公共品的相关概念，并介绍了人口流动理论、公共品理论以及人口流动与公共品有效供给理论。第三章为人口流动背景下农民公共品需求及有效供给的相关文献综述，分别从人口流动、公共品需求与供给以及人口流动与农民公共品需求及有效供给三方面进行文献的梳理，并总结出城乡人口流动对农民公共品需求及有效供给具有重要影响，农民公共品存在供需不平衡的问题，以及研究人口流动背景下农民公共品需求及有效供给具有重要意义。第四章为人口流动背景下农民公共品需求及供给的现状分析，依次分析了中国人口流动现状、中国农民公共品需求现状、中国农民公共品供给现状以及中国农民公共品供需存在的问题及原因。第五章为人口流动背景下农民公共品需求及供给影响因素的实证分析，主要从农民公共品需求、有效供给两方面进行实证分析。第六章为结论与政策建议，主要对本书的研究结论进行总结，并根据理论与实证分析得出的结论，提出相应的政策建议，以期促进农民公共品需求与有效供给的平衡。

在本书撰写过程中，东北师范大学经济与管理学院学生刘源、沈淘淘、侯冠冲、马悦、黄少含、罗玮晨参与了大量文献和数据的收集、整理以及文字校对，在此表示感谢。

诚然，由于本人知识有限，书中难免有不足之处，恳请各位读者批评指正。

史桂芬

2020 年 10 月

目　录

第一章　引　言

一、研究背景及意义

（一）研究背景

伴随工业化和城市化的快速推进，中国出现了一个规模庞大且以流动为主的重要特殊社会群体，即流动农民（农民工）。改革开放以来，我国以青年劳动力为主的流动人口规模迅速扩大。据统计，截至 2017 年末，我国流动人口规模已达 2.44 亿，其中农业人口占流动人口的比例为 83.59%[①]，由此可知，农民工群体是流动人口的重要组成部分。中国农村人口大规模流动，尤其是农村有生力量（青壮年劳动及农村技能人才）大量外流，致使中国农村“空心化”及人口老龄化的格局日趋形成。此外，流动人口在大规模向北京、上海、广州、深圳等大城市流动的过程中还引发了人口拥挤、交通拥堵、住房紧张、环境恶化、入学难、就医难、公共安全隐患等诸多城市病（高伟，2018）。同时，我国 2014 年提出的新型城镇化发展战略对农村人口迁移产生了进一步的影响。农村人口外流改变了农村人口的规模，这种变化对农村公共品的需求数量、需求结构、需求表达方式及消费方式都产生了直接的影响。此外，农村人口流动带来的农村人口结构的变化，一方面使流动农民对城镇公共品的需求加大，另一方面使农村公共品出现结构性、区域性的供给过剩。因此，我国一直以来以地域为主体的传统公共品供给

① 资料来源：2018 年 12 月 22 日国家卫健委发布的《中国流动人口发展报告 2018》。

方式受到了挑战。

近年来，众多学者通过研究发现，农村人口流动过程中，农村需求主体减少（李继刚，2016），城市公共品需求总量却增加。然而，我国地方政府以户籍人口为标准来提供农村公共品和城市公共品，这种供给方式会导致公共品供需主体、数量及结构上的空间不匹配（陆铭，2016），尤其在教育、医疗及卫生等福利性公共品供给上较为明显（付文林，2012）。有关公共品与农村人口流动的研究较为丰富，但针对农村人口流动并将农民划分为不同群体研究二者关系的文献较少。农民作为中国的一个庞大群体，满足其对公共品的需求是实现公共品有效供给的关键。因此，在人口流动的背景下，我国以地域为主体的公共品传统供给方式应转向以农民为主体的公共品供给，这不仅能更大程度上提高公共品供给效率，也是提高城镇化质量、推动城镇化建设及践行"以人为本"公共品供给思想的重要举措，更是消除城乡二元结构、提高政府财政支出效率、推动城乡统筹发展的必然选择。

（二）研究意义

1. 学术价值

已有文献更多的是以农村为研究对象，而对农民的需求关注较少。虽然伴随城镇化的发展，有些学者开始关注人口流动与公共品的关系，但也只是单方面研究人口流动对公共品供给的影响。据此，本书以农民为研究对象，不仅将人口流动和公共品纳入同一个研究视域，而且是在人口流动背景下探讨流动农民和留守农民对公共品的需求及供给机制，是对相关研究的丰富和完善。同时，本书可以推动农村经济学、区域经济学与公共经济学的学科交叉和融合，也为人口流动和公共品的研究提供了新的研究视角。

2. 应用价值

我国农村"空心化"及人口老龄化的格局日趋形成，新型城镇化发展战略对农村人口迁移产生进一步的影响，农村公共品出现结构性、区域性的供给过剩，这些变化对我国一直以来以地域即以农村为主体的传统公共品供给方式发起挑战。因此，本书以流动农民和留守农民为研究对象，通过对现实生活中两类农民对公共品需求的实地调研，了解两类农民的真实需求偏好，进而针对流动农民和留守农民分别设计公共品供给机制，具有重要的现实意义。

二、研究内容及思路

（一）研究内容

本书具体包括以下五个部分。

1. 人口流动背景下农民公共品需求及有效供给的相关研究综述。本部分从农村人口流动、农民公共品需求及公共品有效供给三个方面对以往研究予以梳理，在对核心概念界定的基础上，确定本书要研究的关键问题，即在人口流动背景下分别考察流动农民和留守农民对公共品的需求及相应的供给机制。

2. 人口流动背景下农民公共品需求及供给的现状分析。本部分分析了中国人口流动现状、中国农民公共品需求现状、中国农民公共品供给现状及中国农民公共品供需存在的问题及原因，介绍了中国人口流动的发展阶段、分布及特征，总结了中国农民流动的发展阶段、分布及特征。

3. 人口流动背景下农民公共品需求影响因素的理论与实证分析。本部分首先从理论上分析经济发展水平、收入水平、税收负担等因素对流动农民和留守农民对公共品需求的影响；其次，结合数理经济学和公共经济学的相关理论，推导公共品需求方程；最后，考虑到地区之间的溢出效应，采用普通面板及空间面板，分别就流动农民和留守农民两类群体，实证分析针对不同公共品需求的影响因素。

4. 人口流动背景下从需求到有效供给的实证分析。基于需求影响因素，结合有效供给的基本原则，使用主成分分析法构造反映政府对流动农民及留守农民公共品供给的综合指标，进而实证考察流动农民对流出地及流入地公共品供给的影响，并分析制约农民公共品有效供给的原因。

5. 人口流动背景下实现农民公共品有效供给的政策建议。首先，针对前面的分析及我国农民公共品供给现状，提出完善农民公共品供给的两条机制，即需求表达机制和农民公共品供给机制；其次，结合我国财政体制状况及特有的户籍制度，提出深化财政体制改革及户籍制度改革的建议。

（二）研究思路

本书主要研究人口流动背景下流动农民和留守农民对公共品的需求，并设计公共品供给机制。基于研究框架及研究目标，本书的研究思路具体如图1－1所示。

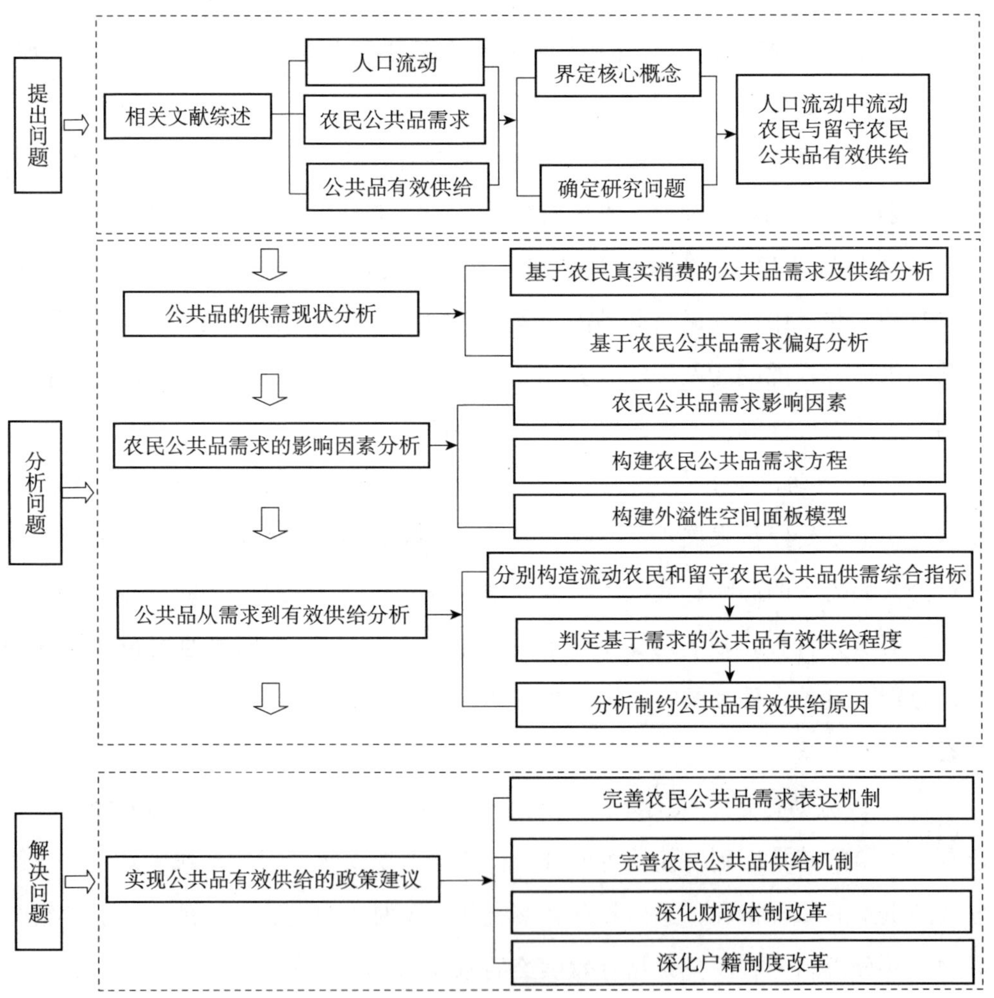

图1－1　研究思路

三、研究创新及不足

（一）研究创新

第一，以往的文献更多的是以农村为研究对象来考察公共品，而新型城镇化建设要求“以人为本”，即只有从根本上解决农民的需求，才能在提高城镇化质量的同时，促进农村公共事业的发展，消除城乡二元结构。此外，流动农民和留守农民是伴随城镇化发展和人口流动而产生的新时代的产物，很少受到学者们的关注。因此，与已有研究不同的是，本书不仅以农民为研究对象，而且更加细致地考察流动农民和留守农民对公共品的需求，并设计相应的供给机制。

第二，公共品的非排他性必然导致地区之间溢出效应的存在，而传统的面板回归技术是假定地区之间是相互独立的。因此，为获得更加稳健的实证结果，本书采用空间面板方法对农民公共品需求的影响因素进行实证研究。

（二）研究不足

第一，由于缺乏微观调研数据，我们无法充分获得流动农民有关公共品供需的详细数据。鉴于流动人口以农民为主，本书用流动人口相关数据来近似代表流动农民的数据，如第四章，借助《中国流动人口监测报告》中的数据来分析流动人口对教育、医疗卫生等公共品需求现状，以及这些公共品的供给现状。

第二，在实证分析人口流动对农民公共品需求影响时，考虑到大量农村公共品数据的可得性和完整性，本书选择教育、医疗及交通来衡量农民公共品需求水平，但未对农村基础设施、农业技术等指标进行计量分析，导致衡量公共品需求的指标体系缺乏完整性。

第二章　人口流动背景下农民公共品供需的基本理论

人口流动目的是改善生活状况，其流动行为受各方因素的影响。基于对人口流动规律的研究探索，众多学者逐步形成并丰富了著名的推—拉理论，而在二元经济结构的讨论中，刘易斯对人口的城乡间流动行为进行了理论分析。各学者的人口流动理论分析中，对于流动规律及原因，不乏基于马斯洛（Maslow）的需求层次理论框架下，探讨因需求的改变而导致的流动。人们的需求可分为私人需求与公共需求，私人需求可以通过经济状况的提升而满足，公共需求则主要依靠政府提供公共品来实现。自 18 世纪公共品理论形成以来，经济学家不断丰富并完善公共品理论，为当前交叉学科下研究公共品的供给与需求提供理论基础。本书是在人口流动的背景下研究农民公共品供给问题，因此，本章的基础理论分为人口流动理论和公共品理论两个主体部分。

一、人口流动理论

（一）人口流动的概念

早在威廉·配第（William Petty，1676）对人口价值思想的研究中，就蕴含了人口流动的概念，他提出人口价值就在于其能进行劳动，且通过有效劳动能够创造财富。英国人口学家莱文斯坦（Ravenstein，1885）在《人口迁移规律》一文中阐明了关于人口流动的观点，其要点为：人口迁移受距离的影响，人口迁移呈分级递进的特征，迁移流与反迁移流，技术发展与人口迁移等。早期的人口流动的研究局限于人口数量的机械变动。此后，基于不同的研究视角，学术界不断对人口迁移的概念进行拓展。联合国 1970 年在《国内迁移衡量方法》中对人口迁移下了一个定义，即人口在两个地区之间的地理流动或者空间流动，并在移动期间发生居住地的改变，这种流动通常会涉及永久性居住地到迁入地的变化。美国统计部门将“人口流动”定义为相对永久性的居住地的改变，不仅从空间上进行了界定，且从时间上以 1 ~5 年或更久为界限。

综上所述，人口迁移是指人口在两个地区之间的地理流动或者空间流动，通常它涉及永久性居住地由迁出地到迁入地的变化。人口流动是人口在短期离开后又返回原居住地的现象，在一段时间内未改变定居地的人口移动，也成为“非正式迁移”，是人口在地区之间所做的各种各样短期的、重复的或周期性的运动。基于中国户籍制度，人口流动形式包括正式迁移和非正式迁移。根据有无发生户籍的变动，将发生迁移和流动行为的人分别称为迁移人口和流动人口。张庆五等（1988）认为，流动人口是指暂时离开户籍所在地，前往其他地点且不时返回家乡的人口，“其他地点”泛指跨越一定辖区范围的区域。魏津生（1999）在研究城市流动人口的特点后，将人口流动界定为人们暂时离开常住地但不改变常住地的短期空间位移。尽管对于人口流动或人口迁移有不同的定义，但如孙福滨、李怀祖（2000）也认为人口流动与人口迁移没有本质区别，可以从迁移地区、迁移时间和迁移意愿上来划分。只有超过“一定”时间限度，跨越“一定”空间范围的位置变动才被当作人口迁移或人口流动。一般来说，从人口流动的时间维度进行划分，可以把人口流动分为：长期人口流动，离开户籍所在地一年以上的；暂时人口流动，离开户籍所在地一天以上，一年以下的；周期性人口流动，有规律地定期离开和返回户籍所在地的；往返性人口流动，早出晚归型，不在异地过夜的通勤型流动。与人口流动相比，人口迁移是一种较为长期的，而且改变了户口，迁移常住地的人口移动行为。人口流动与人口迁移概念能否统一起来，这取决于我国户籍制度等政策的改革方向。同时，我国学者多从人口流动可以改变区域人口数量、人口密度和人口结构，影响劳动力供求关系，从而影响区域经济发展的角度进行人口流动的相关研究。

人口流动理论源于对人口学的研究，其奠基人是英国人口学家莱文斯坦，他提出了著名的推—拉理论，此后有很多学者如李（Lee）、唐纳德·博格（Donald Bogue）等，在该理论中加入自己的研究思想不断丰富推—拉理论的内容。由于人口与众多学科关联密切，因而人口流动理论在经济学中有较多渗透，如以刘易斯为代表的二元经济结构论中，也较为丰富地阐述了人口城乡间流动的理论思想。基于此，本部分主要以推—拉理论和城乡人口流动理论为主，梳理学者们关于人口流动理论的阐释。

（二）推—拉理论

1. 莱文斯坦人口迁移法则

英国人口统计学家莱文斯坦（1885，1889）对 1871 ~ 1881 年的英国人口普查数据进行统计分析，从人口学的角度总结出人口迁移的一般规律。他认为左右人口流动的动力包含推和拉两种力量。所谓推力就是推动人流出的力量，拉力就是吸引人流入的力量。分析发现人口迁移的主要力量来自经济因素。他被认为是人口流动推—拉理论的奠基人。

莱文斯坦迁移法则总结了以下六个规律。

第一，人口流动受距离因素的影响。经济原因吸引人口流入的区域以大型工商业中心为主。随着距离的拉大，人口流动数量是递减的，即人口移民多数来自短距离迁徙。

第二，人口的流动呈现集聚特点。当小城市的人口向大城市集聚时，这些迁出人口留下的空间被附近乡镇人口弥补，并一直按此规律递进。

第三，人口流动存在双重流向，在向城市流动的同时，流出人口存在返回原住地的可能。

第四，人口流动的倾向存在差异。人口流向以乡村向城镇流动为主。从性别来看，女性迁移距离要小于男性。从年龄来看，流动人口以年经人为主，家庭整体迁移较少。

第五，技术进步激励人口流动。城市的技术进步能够提高本地居民的效应，刺激周边城镇人口流入。

第六，人口流动的主要因素是经济因素。影响人口流动的因素有很多，如政治严苛、宗教信仰、环境恶化等，但是多数流动人口都是为了追求更高的经济收益，更好的生活水平。

为了能够科学地验证推—拉理论，美国社会学家吉佛（Zipf，1946）将“万有引力定律”引入莱文斯坦人口迁移法则，提出了“引力模型”，定量地证明了流动人口规模与两地之间距离成反比。

2. 博格的人口迁移思想

博格（1959）进一步深化了莱文斯坦关于人口流动的推—拉理论，他认为，人口迁移行为的发生是由迁入地的拉力和迁出地的推力共同作用的结果，并总结出促进人口迁移的12个推力因素和6个拉力因素。一般而言，产生推力的主要因素包括日渐枯竭的资源、工作机会的减少、宗教的迫害、产业的转移、生产成本的增加，自然灾害、对社会责任的逃避、完成学业及亲人的故去等；而迁入地更多的就业机会、清明的政治环境、新产业的出现、较多的能力提升机会等都对人口流动带来拉力的作用。

3. 李的迁移规律

美国学者李（1966）认为，由于信息不对称、个人偏好等因素的存在，想精确判断哪些因素促进人口流动是十分困难的。在博格理论基础上，他重点研究了推和拉两种作用力是如何影响潜在的人口迁移者做出判断的。李认为迁出地和迁入地实际上都既有拉力又有推力，除此之外还有中间障碍因素和个人因素，将莱文斯坦的迁移法则进一步科学化。一个地区内的人口流动规模随迁入地和迁出地的差异程度而变化，迁入地与迁出地的差异越大，产生人口流动的可能性也越大。中间障碍因素主要包括距离远近、物质障碍、政府限制等，通过影响流动人口的迁移成本对流动规模产生影响。影响个人判断的因素众多，如生命周期、心理状态、资本积累、教育背景等，都影响人们对世界的认知，人们通过对流出地及未来流入地各方面进行衡量，做出人口迁移的决策。

（三）城乡人口流动理论

1. 刘易斯二元人口流动模型

刘易斯（Lewis，1954）通过对发展中国家统计资料分析，首次提出了二元经济发展模型。刘易斯将经济划分为两个部门：传统的农业部门和现代的城市工业部门。在城乡工资水平存在差异的前提下，农村剩余劳动力供给曲线完全有弹性，农村剩余劳动力会向城市工业部门流动，从而促进国民产出和收入增长。

刘易斯认为，由于农业部门生产受到自然禀赋的制约，减少部分劳动力并不会对农业产出产生影响，于是大量的剩余劳动力在农业部门出现。通过观察，刘易斯发现发展中国家城市工业部门的平均工资率要高出农村平均工资率30%左右，出于利益的吸引，过剩的农村闲置劳动力开始流向工业部门。按照刘易斯的人口流动模型，传统农业部门的劳动力向城市现代工业部门转移，会带来工业部门效用的提高，工业部门会创造出更高的产值，增长的产值用来扩大再生产，劳动力的需求会增加。而在当时情况下，农村剩余劳动力的边际产量极低，甚至为零，只要城乡工资率保持一定的差异，农村劳动力向城市部门的迁移就会不断发生。如此周而复始，发展中国家现代工业部门就会得到无限供给的农村劳动力。

刘易斯模型假设城市的工资率不变。随着农村剩余劳动力的转移，农村过剩劳动力逐渐减少，传统农业部门的生产率会相对提高，也就是说农村劳动力不再是无限供给。此时，为了进一步吸纳农村劳动力，现代工业部门必须提高劳动力工资水平。在此情况下，二元经济就会变成一元，农村剩余劳动力被城市工业部门完全吸收，这个时点被称为“刘易斯拐点”。

刘易斯的两部门法为分析人口流动奠定了基础。刘易斯理论的出发点来自发展中国家的实际情况，因此农村劳动力供给是无限的这一观点基本上正确。该理论对于发展中国家在城市化和工业化进程中的人口流动具有十分重要的指导意义。

刘易斯理论模型的主要局限表现在四个方面。第一，该模型忽略了农业部门的发展。随着技术水平发展，农业的劳动生产率也会得到提高，劳动力无限供给难以维系。第二，该模型假设城市的工资率不变，而事实上随着城市工业的扩张，发展中国家城市工资率会随着时间变化而提高，而农村的平均收入也会相应提高。第三，该模型忽视了农业对经济的贡献。农业生产为工业部门提供原材料。如果农业部门的劳动力转移到现代工业部门，使得工业部门的技术进步难以及时反哺农业，按照马尔萨斯的理论，由于土地的稀缺性和资源的日益枯竭，农业产出下降，工业原材料价格上涨，现代工业部门利润相应下降，现代工业部门扩张趋于放缓甚至停滞。第四，该模型忽略了城市也存在失业这一客观现实。

2. 拉尼斯—费景汉劳动力迁移模型

美国发展经济学家拉尼斯（Ranis）和美籍华人学者费景汉（John C. H. Fei）在刘易斯二元经济结构发展模型的基础上，于20世纪60年代初创立了拉尼斯—费景汉模型。在“拉尼斯—费景汉”模型中，他们从一种动态角度来研究农业和工业均衡增长的二元经济结构理论，并将其演变过程划分为三个阶段。

第一阶段，当农业边际劳动力产出等于零时，也就是说，减少一个劳动投入并不减少产出，在这种意义上的劳动力为剩余劳动力，此时对于现代工业部门，处于劳动力无限供给的状态。在这个阶段，剩余劳动力从农业部门转移出去，并不会降低农产品产出量，因此农产品的价格与工业部门的工资并不会上涨，农业剩余劳动力会毫无障碍地转移到现代工业部门。随着现代工业部门不断吸收农业剩余劳动力，农业消费人口数量减少了，农业产品在总产量不受影响的情况下，消费减少导致农产品出现剩余，而这部分剩余正好可以供工业部门新增劳动力消费。

第二阶段，此阶段的显著特征是农业边际劳动力产出大于零；同时，农业边际劳动力产出却仍小于农业的制度工资。随着第一阶段农业剩余劳动力不断向工业部门转移，工业部门的规模不断发展与扩张，直到农业劳动力减少到农业边际劳动产出大于零，但仍然低于农业的制度工资时，农业剩余劳动力继续被工业部门吸收。在农业部门，由于农业边际劳动产出大于零，随着农业劳动力的转移，农产品总产出开始下降，供需出现失衡。农产品是缺乏需求弹性的产品，农产品供给下降，需求不变，会导致农产品价格上升，从而导致工业部门实际工资水平也上涨，工业资本家的利润降低，这就使得工业部门扩张或吸收农业剩余劳动力的规模和速度减缓甚至停滞。这一阶段中，在农业剩余劳动力没有完全得到转移之前，工业部门的发展与扩张就停止了，所以只有同步提高农业生产率，农产品的产出量才不会随着农业劳动力的转移而相应的减少。这样在维持农产品价格不变的情况下，才能保持工业部门的工资水平不变，工业部门的扩张和劳动力的转移才能顺利进行。

第三阶段，当农业劳动边际生产率超越农业制度工资的阶段。在这个阶段，农业部门剩余劳动力已转移完毕，农业部门的边际劳动生产率开始超越制度工资，这部分转移的农业劳动力已经真正走入劳动力市场，农民和工人的工资都可以按照劳动边际生产率来决定，也就是说农业和工业劳动者工资均完全市场化。此时，工业部门要进一步吸收农业劳动力，其所要向农民提供的工资必须高于农业劳动力报酬。

拉尼斯—费景汉模型对刘易斯模型进行了扩展，主要有以下几点创新。

第一，该模型更加重视农业对工业发展的促进作用，两部门的发展密不可分。农业部门不仅可以为工业部门的扩张提供劳动力，还可以为工业部门提供农业剩余产品，工业发展和扩张的保证就是农业生产率与工业生产率增长保持同步。

第二，该模型并不同于刘易斯模型，将技术进步视为资本积累的副产品，明确了资本积累与技术进步为生产率增长的两个重要途径。在发展中国家，农业部门生产率增长主要取决于隐性技术进步，而工业部门生产率增长主要依靠资本积累。

第三，该模型明确指出人口增长对劳动力转移的重要影响和制约作用。农业部门劳动力转移的速度和规模不仅取决于工业部门的扩张，还取决于两部门的生产率增长和人口的增长。绝大部分发展中国家农业劳动力剩余与城市失业是同时存在的，这就意味着如果考虑人口增长因素，城市工业部门资本积累的速度则要加快，至少要等同于就业机会增长率。同时，该模型也为发展中国家控制人口提供了理论依据。

费景汉和拉尼斯意识到，发展中国家实际增长过程会产生不同程度的偏离，需要市场机制和政府政策进行纠正。尽管拉尼斯—费景汉理论对刘易斯理论进行了完善和发展，但仍存在部分缺陷，如忽视城市工业部门的失业，并假定工业部门的工资是由农业部门的收入决定并固定不变，这显然与实际情况不符。

3. 乔根森人口流动理论

美国经济学家戴尔·乔根森（Dale W. Jogenson，1967）从马尔萨斯的人口理论出发依据新古典主义的分析方法创立了一个新的二元经济发展模型，该理论认为农业剩余的出现才是农业人口流向工业部门的充要条件。当农业部门产品的增长快于人口的增长，即人均粮食供给增长率大于人口增长率时，产生农业剩余。农业劳动力是否转移到工业部门，取决于农业剩余是否等于零，只有农业剩余大于零时，才会发生农业劳动力流向工业。在农业剩余存在的前提条件下，乔根森模型将发展中国家经济部门也分成以农业为代表的落后部门或传统部门和以工业为代表的先进部门或现代部门。乔根森的人口迁移模型有以下几个主要内容。

第一，强调了农业剩余在人口从农业部门向工业部门转移的重要性。农业人口向工业部门转移的基础是存在农业剩余。农业剩余可以为工人提供食物，是工业部门扩张的前提。该理论认为即使经济水平发展较低时，也会出现只要人口数量增长，农业产出就会增加的情况，人口增长与农业产出的增长自动调适。如果农业生产的增长率等于人口增长率时，农业产出增加的部分恰好被新增人口消耗，农业剩余就不可能出现，农业人口就没有流向工业部门的推力。

第二，乔根森理论认为，工业部门的扩张伴随着资本深化和技术进步，工资率不断提高。在农业人口向工业部门转移的过程中，工资水平随着工业部门工资率的提高而不断上升。工业部门为了吸引农业劳动力不断提高其工资水平，随着劳动生产率的提高，农业部门劳动力的工资也在不断上升。由于人口增长存在极限，随着农业剩余的转移，农业部门会由劳动力过剩转为劳动力不足，这时农业部门为了提供足够的粮食，必须通过提高工资的方式吸引劳动力回流。工业和农业会产生竞争，竞争的结果是两部门的工资交替上涨。

第三，在乔根森模型中，只有在产业中劳动力存在过剩的情况下，人口才有流出的推力。按照马尔萨斯的人口悲观论，人口增长受制于生存资料[①]的供给。由于土地供给的有限性，劳动力过剩的前提是保证人均粮食供给率大于人口增长率。乔根森理论从马尔萨斯人口论的观点出发，认为农业剩余是农业部门产品的增长快于人口的增长，即人均粮食供给增长率大于人口增长率。而人口增长存在极限，经济增长以不断进步的技术为支撑，因此经济增长超过人口增长是必然的，农业剩余的出现也是必然的。

第四，乔根森的两部门理论认为，农业劳动力向非农业部门转移的根本原因在于消费结构的变化，是消费需求拉动的结果。而刘易斯理论和拉—费理论认为，实际工资率是假定不变的，工业部门获取无限劳动力，是由农业和工业部门固定工资差异导致的。人们对农产品（主要是粮食）的需求是有生理限度的，而对工业品的需求可以说是无止境的。当农产品生产已能满足人口需求时，农业的发展就会失去需求拉动，人们将增加的收入用于购买工业品，农业劳动力和人口转向需求旺盛的工业部门。

乔根森模型将农业劳动力转移的动因归结为人口内生和消费结构，这是该模型的创新之处。但它仍然存在局限性，即关于粮食需求收入弹性为零的假设下，当人均粮食消费产出超过临界水平时，人们会将全部收入用于工业品的消费，这显然与现实情况不符。同时乔根森模型也忽视了农业部门可以通过自身资本积累达到劳动生产率提高的情况；该模型默认从农业释放出的劳动力直接可以进入工业部门就业，不存在失业问题，这种充分就业的假设与实际发展中国家存在失业的现状也不符。

4. 托达罗人口流动模型

无论是刘易斯还是拉尼斯、费景汉和乔根森的人口流动理论都忽视了城市失业这一现实，托达罗（Todro，1969）通过“预期收入理论”解释了随着工业经济的发展，在发展中国家的城市出现了高失业率与人口迁移持续增加并存的现象。托达罗模型中，城乡人口流动的两个假设：一是城乡预期工资收入的差距；

① 生存资料主要指由农业部门创造的粮食。

二是在城市中找到工作的概率。即使城市存在高失业的风险，在综合考虑就业概率及预期收入后，仍有人做出向城市流动的选择。

托达罗认为，由于城乡经济差异的存在，即使在城市高失业率的前提下，人口仍然由乡村向城市流动，而城市的新增就业速度远远小于人口流动速度，这会新增城市失业率并带来城市的肮脏、拥挤等环境恶化问题。大多数发展中国家会通过税收优惠、提供公共服务、降低利率等手段刺激城市工业化发展，这只会带来对城市预期收入的提高以及预期获得工作的概率的提高，从而促进农村人口向城市流动。因此可能出现这样的情况：城市现代工业部门扩张越快，创造的就业机会越多，城市失业问题越严重。

托达罗认为，城市现代工业的发展是伴随着技术进步而进行的，这种工业化的发展带来的是资本密集型产业而不是劳动密集型产业的发展，也就是说工业化的进程并不会带来想象中劳动需求的增加。城市现代工业部门存在大量失业现象，缓解社会矛盾的主要方式应该是利用政府的政策导向，改善农村条件，缩小城乡差距，同时发展农村经济，减少农村农业部门的过剩劳动力供给。

同刘易斯二元劳动力迁移理论相比，托达罗模型不强调劳动力“乡—城”移动的积极意义。而是认为对于发展中国家来说，缩小城乡差距，减少劳动力的“乡—城”移动，有利于社会的平衡发展。托达罗的分析从发展中国家及欠发达国家的“城市病”出发，因此发展中国家在城市扩张和治理过程中更乐于接受他所提出的政策建议。同时，许多经济学家认为托达罗的理论也存在一些需求改进的地方：第一，托达罗模型过分强调了城乡预期收入差距在劳动力流动中的作用，忽略了迁移成本对人口流动的影响；第二，托达罗没有考虑由于受到自然禀赋的影响，农村也会存在失业问题；第三，托达罗否认人力资本对经济增长的促进作用。托达罗还认为在城市就业机会供不应求的前提下，雇主会以同样的工资条件雇佣人力资本较高的劳动力。因此人们为了获得就业机会，会自发提高自身的受教育水平，却不会带来额外收益。

（四）人力资本迁移理论

无论早期的推—拉理论还是二元经济理论，都不能解释在相同的经济条件下人口流动决策上的差异。对此，舒尔茨（Schults，1961）将人力资本引入人口迁移研究中，建立了投资—利润理论。人口迁移时的现金花费和非现金花费是投资，而迁移后所得收入是利润，是否迁移的行为决策取决于在迁入地获得的平均收益能否超过迁出地获得的收入和迁出过程中所付的成本之和。个人或家庭为适应就业环境而产生的迁移会增加迁移者的人力资本，人力资本的提升会提高个人的劳动生产率，促进经济增长。人力资本要素在经济增长模型中对其他要素的替代性强，因此，人力资本高的劳动力迁移的机会和可能性更高。斯加斯塔（Sjaastad，1962）认为，工资率是人力资本的增函数。教育等级高及个人技能强的劳动力，将会最先进行迁移。通过对迁移成本与迁移收益进行系统的总结，发现年轻劳动力人力资本提升的空间及可能性要高于年长者，解释了人们的迁移活动会随着年龄增加而递减的现象。如果政府不在农村劳动力整体人力资本水平提升上做出努力，城乡间经济发展水平的差距和收入差距将会进一步扩大，进而强化了迁移的条件和动力。

人力资本迁移理论侧重于微观视角下人力资本对迁移者如何做出迁移决策的影响分析。他们的分析将农村部门与城市部门提供的岗位与工作技能要求联系起来，解释了为何高技能水平要求的城市工作并不容易被农村迁移者所获得。

（五）新迁移理论

不论是宏观上的推—拉理论、二元经济迁移理论，还是基于微观视角的人力资本理论，都是以迁移者个体理性为基础的。然而，迁移不仅使迁移者本身得到收益的最大化，也为家庭提供了分散风险的途径。家庭的人口结构、社会结构以及生命周期都会对个体迁移决策产生影响（DeJong et al.，1981）。于是斯塔克和布鲁姆（Stark and Bloom，1985）将分析的基本单位或出发点由转移者个人改为家庭，把家庭作为迁移的决策主体，通过对成员流动的预期收入和风险控制的判断，决定家庭成员的流出或留守，分析家庭福利最大化假定下的转移行为，他们的理论被称为新迁移理论。新迁移理论的实质是对托达罗模型的扩展和完善。

新迁移理论中强调家庭和家庭策略在劳动力转移决策中的基本地位和重要

性。在考虑家庭成员的迁移收入时，不仅考虑绝对值的增加，而且会选择一个同居住地的人员收入作为参照标准，只要成员的迁移能带来相对收益的增加，或者相对风险的降低，那么迁移就是成功的。新迁移理论强调以家庭作为决策单位，根据家庭预期收入最大化和风险最小化的原则，决定家庭成员的流动。一般情况下，家庭将选择容易找到工作的、人力资本较高的成员外出，以此保证家庭收入最大化。中国传统的家庭观念比较强，以家庭作为迁移主体符合中国的现实，同时以家庭为单位的迁移能够提高流动人口的社会融合性。然而，家庭部分成员的流动，人为地使家庭割裂为两部分，会产生新的“留守家庭”问题。

二、公共品理论

公共品理论主要包括三部分内容，第一部分为公共品概念界定，主要包括公共品相关概念、流动农民与留守农民公共品相关概念。第二部分为公共品需求理论，主要包括公共品需求的概念、影响公共品需求的因素及公共品需求表达机制相关理论。第三部分为公共品供给理论，主要包括公共品有效供给的概念、公共品供给方式及影响公共品供给的因素相关理论。

（一）公共品的概念界定

1. 公共品相关概念界定

有关公共品的描述最早追溯到大卫·休谟（David Hume，1739），他注意到相邻的几个家庭可能协商排干牧场的积水，然而一千个人无法达到同样的协议。究其根本原因，在于每个人都想把负担转嫁给其他人。斯密（Smith，1776）也认识到政府有责任提供公共品，即政府按需求建立和维持一定的公共工程和一定的公共机构，因为利润无法补偿个人或者少数人建立和维持这种事业所需求的花费。斯密与休谟的结论一致，即政府有必要提供某些公共品或者公共服务。穆勒（Mill，1848）随后指出重要的公共服务，例如灯塔应由政府提供，原因在于个人建造灯塔无法对使用者收费或者收费困难，从而无法补偿建造费用。综上表明，公共品在古典经济学早期已有牢固的地位。

萨缪尔森（Samuelson，1954；1955）首次提出私人消费品与集体消费品（公共品）两个相对的概念，并严格定义集体消费品是指所有人消费这种物品或劳务并不会影响其他人消费该物品或劳务，即每个人的消费数量都等于总供给量，但该定义只表明了公共品的非竞争性，忽视了非排他性。后来学者总结出纯公共品具有非竞争性与非排他性的特点。布坎南（Buchanan，1965）进一步指出，现实中有很多介于私人品与公共品之间的准公共品。他基于公共产权的视角提出了“俱乐部产品”的概念。他认为俱乐部产品具有对外排他与非竞争性的特点，并且其公共性程度与俱乐部规模有关，即俱乐部规模越大，排他性越弱，该物品的公共性越强，反之，俱乐部规模越小，排他性越强，公共性越弱。因此，他主张通过某些技术设计或制度安排实现公共品消费的排他性。但布坎南的理论并没有明确俱乐部的概念，也没有充分考虑俱乐部成员的异质性偏好。随后，奥尔森（Olson，1965）发展了布坎南的“俱乐部产品”理论，他认为俱乐部内部该产品具有消费的非竞争性和非排他性，但俱乐部以外该产品具有消费的竞争性和排他性。

马斯格雷夫（Musgrave，1957）基于个人（或家庭）与政府间信息不对称提出有益品概念，有益品的特点是政府可以制定相关政策以达到干预社会成员偏好的目的，激励公众增加消费数量。后续马斯格雷夫（1959）进一步深化有益品的概念，认为有益品是对消费者有益，但由于消费者的无知而消费不足的物品。例如，教育是一种有益品，它可以提高自身素质，增加人力资本，但个人或者家庭由于忽略教育的价值而不愿意对教育进行投资，而政府借助其信息优势可洞察教育投资的重要性。因此，他主张政府应加大有益品投入，然而并没有确定有益品最优供给数量。近些年，德克尔等（Dekeal et al.，2017）基于公共品与外部性角度提出潜在帕累托公共品的概念。他认为部分公共品为社会创造的总收益大于总损失，在不损害获益群体的前提下，将其部分利益补偿给受害群体，增加受害者效用，便存在帕累托改进。例如，交通运输基础设施建设会增加社会福利，但居住在公路、火车站与机场附近的人会受到噪音等外部性影响。

2. 流动农民与留守农民公共品相关概念

随着改革开放后社会经济结构转型，中国出现了一个规模庞大且以流动为主的重要特殊社会群体，即流动农民（王毅杰、王微，2004）。流动农民问题或者农民工问题是一个包含经济、社会、政治、文化与精神等多方面的综合性问题，且对中国新型工业化、城市化与现代化进程产生全方位影响（郑功成、黄黎若莲，2006）。近年来，众多学者研究发现农民工对城市经济发展作出重要贡献的同时，却因城乡二元户籍制度限制无法享有与户籍人口同等的权益，尤其是医疗、教育与社会福利等公共服务。此外，根据2017年3月国务院发布的《“十三五”推进基本公共服务均等化规划》①，本书认为流动农民公共品主要包含教育、医疗、就业、社保、住房保障、社会服务、公共文化体育等公共服务。

有关农村公共品的概念较为丰富。国内学者对农村公共品的界定主要有两种类型。第一种类型认为农村公共品主要是指在农村地域范围内具有非排他性与非竞争性的公共品或公共服务（徐小青，2002；马晓河、方松海，2005），主要包括农村的基层行政服务、农田水利基础设施、农业科技、生态环境保护、农产品市场信息、生活基础设施、基础教育、医疗卫生及社会保障等（李英哲，2010）。第二种类型认为农村公共产品主要是指农民或者家庭力量无法提供或者即使提供也因非排他性而缺乏动力，但对维持和提高农业生产及农民生活水平具有重要意义的产品（匡远配等，2006）。基于已有研究，本书认为留守农民多为农村常住人口，他们所需求的公共品是指农村居民满足自身、家庭与农业发展所需，且具有一定排他性与收益外溢性的产品或服务。

（二）公共品需求理论

1. 公共需求层次理论

从最终需求角度来看，人类社会有两类需求，即私人的个别需求和社会的公

① 国务院发布《“十三五”推进基本公共服务均等化规划》，明确指出各地以促进城乡、区域、人群基本公共服务均等化为主线，确定了公共教育、劳动就业创业、社会保险、医疗卫生、社会服务、住房保障、公共文化体育、残疾人服务八个领域81个基本公共服务项目。

共需求。在现代市场经济条件下，由市场提供私人物品用于满足私人的个别需求，由国家机关和公共部门提供公共品用于满足社会的公共需求。马斯格雷夫（1996）认为财政职能的核心是以资源利用的决定为转移并以私人需求和公共需求之间的区别为基础。马克思（2004）在研究社会产品分配方式时提出了一般社会需求的概念，他认为在任何一种社会生产中，劳动所创造的产品最终可以分为两部分，一部分产品满足生产者及其家属消费，另一部分产品满足一般的社会需求，即公共需求。

公共需求具有四个特征：第一，公共需求是社会公众在生产、生活和工作中的共同需求，用以维持社会经济生活运行及再生产、维持市场经济秩序正常；第二，社会成员可以无差别地共同享用公共需求；第三，社会成员享用公共需求的同时也必须付出代价，例如缴纳税收或者付费，且成本与收益不服从等价交换原则；第四，满足公共需求是政府的职责，政府可以通过征税和收费的方式获取资金来提供公共品，也可以采用市场化方式引入民间资本。

公共需求涵盖的范围广。从狭义来看，公共需求是政府执行自身职能及某些社会职能的需求，例如行政、国防、科教文卫、生态环境、基础设施等所需。从广义上来看，还包括政府为调节市场经济运行而采取的各类措施与各项政策，例如财政政策、税收政策、货币政策及产业政策所需（陈共，2017）。此外，公共需求虽然不是个别需求的加总，但是它也可由个体需求显化出来。因此，公共需求也适用于马斯洛需求层次理论。

马斯洛（1943）根据一般需求规律，将人类需求分为生理需求、安全需求、社会需求、尊重需求以及自我实现需求五个层次。市场提供的私人品及政府或公共部门提供的公共品可以满足五种层次的需求，但两种不同性质的产品在不同需求层次上所扮演的角色不同。随着经济发展水平的变化与社会形态的变迁，社会成员的公共需求出现差异性、层次性与特殊性。本书基于马斯洛需求层次理论和我国城镇与农村公共品需求的实际，将农民公共品需求划分为如下几个层次。

第一，生存需求，这一需求与马斯洛需求层次中的生理需求是基本相同的，主要是为了维持人们基本的生存，主要包括清洁的空气、干净的饮水、食物等。

这些产品大多靠大自然来满足，但是政府也应该介入保证这些物品不受他人恶意毁坏。

第二，安全需求，这一需求与马斯洛需求层次中的安全需求大体类似，既指人们身体和财产的安全，也指人们得到公平的对待。主要包括国防安全、社会治安、财产所有权、公平公正的社会制度、食品药品安全等。

第三，发展需求，这一需求介于马斯洛需求层次理论中安全需求和社交需求之间，是指农村居民在生存和自身安全得到保证的前提下，为摆脱贫穷落后的面貌，寻求发展的途径，希望政府能够提供更多的有利于农村走向致富道路的公共产品，例如基础设施建设、农村义务教育、水利工程、大众传媒等。

第四，社会依存需求，这一需求与马斯洛需求层次的社交需求相似。人不是一个独立的个体，人们渴望在社会中有自己合适的位置，希望得到他人的关注。当一些人出于某些特殊原因无法融入某一社会群体时，政府提供的公共品使得他们回归正常的社会交往。例如农村的留守儿童、孤寡老人、空巢老人、贫困人口等弱势群体，他们希望得到更多的关爱和帮助，此时，政府应该提供类似于养老院、农村医疗保障体系、寄宿制学校等公共品。

第五，延伸需求，这一需求与马斯洛需求层次中的尊重需求大致对应，是指当居民在生活水平不断提高，自身素质不断进步，社会保障体系逐步完善后，为了进一步提高生活质量和更好地实现自身社会价值，对公共品供给提出了新的要求，例如建立城乡均衡发展的义务教育体系、对高等教育的需求、繁荣乡村文化、整治乡村环境等。

2. 影响需求因素的理论

在分析公共品需求层次理论后，继续探讨影响公共品需求意愿的因素。影响需求数量变化与需求层次演变的主要因素有经济发展水平及居民收入水平。

经济发展水平。在传统社会阶段[①]，生存与安全是社会成员所面临的需求。人类不断地探求生产方式，实现采集与渔猎到农业经济的转变（阎万英、尹英

① 这里的传统社会阶段指的是农业经济时代。

华，1993）。陈共（2017）认为，在当时的经济社会背景下，农业是国民经济的主导部门，维系农业发展是食物来源的基本保障。为此，他们需要高效的农业生产工具、先进的土地耕作技术和田间管理技术。在经济起飞阶段[①]，工业成为国民经济的主导部门。工业革命显著提高劳动生产率，也开启了城市化进程。人们已经不满足于生存的基本衣食住行需求与安全需求，他们开始追求自身发展，希望政府加大基础设施建设投资以及农村义务教育投资等。随着经济发展进入发达阶段[②]，服务业成为国民经济的主导部门。物质财富增长的主要动力是科技、知识与信息。在这一阶段，人们消费结构不断升级，从物质数量消费需求转向服务质量消费需求，人们开始关注养老问题、医疗服务水平、教育水平、乡村文化及乡村软环境发展。

收入水平。居民收入水平的变化会影响公共品消费数量与消费结构，归根到底是居民消费偏好变化所决定的。马斯格雷夫（1996）认为，随着国家经济水平的提高，居民收入不断增加，居民消费也不断变化，政府支出结构也不断变化。当居民收入水平较低时，居民依靠农业维持生产生活，政府提供的公共品主要是支持农业正常发展，例如，政府加大农田水利建设等基建投入。当居民收入水平较高时，居民在满足基本消费后，其剩余收入会用于高层次的服务需求，政府财政则更多用于公共教育、公共卫生保健、公共安全、公共娱乐等项目，但与此同时，随着人均收入水平的提高和收入差距的不断扩大，居民更加注重社会公平。为维持社会稳定，政府要加大社会保险支出等民生性支出。

3. 需求表达机制的理论

公共部门提供公共品的过程中会出现“搭便车”现象，其产生的根本原因是公共品的非竞争性与非排他性。搭便车问题使消费者进一步隐瞒或者扭曲公共品消费偏好，无法实现公共品的有效供给。为此，学者就政府与消费者间的信息不对称问题进行深入研究，提出了维克里—克拉克—格罗夫斯机制，以期刺激消费者显示其对公共品的真实偏好。

---

① 这里的经济起飞阶段指的是工业经济时代。

② 这里的经济发展进入发达阶段指的是信息时代。

维克里—克拉克—格罗夫斯机制，简称 VCG 机制，该经济机制通过设计激励来诱导公民显现自己对公共品的真实偏好。在格罗夫斯机制下，政府要求每位居民报告其愿意为提供某数量的公共品所承担的费用，并选择最大化报告效用总和的公共品数量。此外，每位居民除了真实效用外还收到一个旁支付，旁支付的数额等于其他居民在政府选择最优公共品供给数量下报告效用的总和。最终，每位居民的占优策略是报告真实效用，这样才能够最大化总收益。格罗夫斯机制的本质是在居民间实现内生化外部性（范里安，2013），它将每位居民的效用同其报告效用给其他人带来的成本与收益相结合，这迫使每位居民显示自己真实的偏好。

在格罗夫斯机制下政府需要承担较高的旁支付成本。为此，政府可以向居民征税来减少旁支付的规模，但这个税收必须独立于居民自身的行为选择，不会影响其偏好。范里安（2013）认为政府需要对每位居民征收除自身以外的其他人报告效用总和最大值的征税。VCG 机制进一步指出每位居民需要支付的税额为除自身以外的其他人报告效用总和最大值减去旁支付。值得注意的是，每一位改变社会决策的人即关键行为人必须要进行旁支付，且旁支付等于他自己对其他人施加的成本。

VCG 机制的核心思想将居民自身税负与自身的行为选择隔离开来，并对关键行为人征税，使其有动机报告自身真实效用。这样就不会因个人效用减少而损失社会福利，有效解决了公共品供给中的“搭便车”行为。但 VCG 机制仅限于拟线性偏好，且无法实现帕累托最优。在 VCG 机制下，政府有唯一的最优公共品供给数量。但是征税会影响到居民的消费决策，加上关键人与非关键人间的博弈，最终出现帕累托无效。

（三）公共品供给理论

1. 公共品有效供给的理论

公共品有效供给是指政府通过完善公共服务制度、改革公共服务提供机制及工具并持续提升服务质量等方式来改善公共服务体系以达到充分利用社会公共资源且保证需求者享受高效优质的公共服务（陈振明、李德国，2011）。本书认为公共品有效供给是指满足居民需求的公共品供给，即公共品的供需均衡。其实质是公共品的数量和价格水平应确定在何种水平才能实现公共品供需均衡（岳书铭，2007）。对这一问题研究具有代表性的理论包括维克赛尔—林达尔均衡及萨缪尔森的一般均衡。

（1）维克赛尔—林达尔均衡

林达尔（Lindahl，1918）在维克赛尔理论基础上，引入自愿出资与成本分摊的公共品定价方法，并建立了一个公共品竞争性均衡模型，即维克赛尔—林达尔均衡，简称林达尔均衡。模型假设社区有两个同等收入与偏好的选民，他们也拥有同等的政治权力，即一人一票制（刘小兵、蒋洪，2012）。此外，在形成决策及实施决策的过程中，信息成本为零。因此，当面临给定数量的公共品时，选民自愿同意成本分摊的安排与产品数量。如果选民对公共品的数量与负担成本的比例有质疑，那么政府则需要重新调整方案，直到出现选民一致同意的方案。此时，自愿合作模型实现林达尔均衡。在均衡的情况下，社区每位选民为每单位公共品自愿交纳的出资额恰好等于在有效供给水平上的边际收益，这时选民对每单位公共品的均衡出资额被称为林达尔价格。

该模型将民主政治引入公共品供给决策，并巧妙地与公共品成本分摊结合起来。在政治决策过程中，每位选民根据自身的偏好不断地更换备选方案，直到出现一个所有选民都赞同的方案。此时个体偏好汇总为社会偏好，林达尔模型出现解唯一、稳定且类似于私人品的市场解。由此可见，林达尔模型求解的过程是一种需求偏好表达机制，又是一种理想的民主决策的过程，同时也为政府实现公共品的有效供给提供了一种新的思路。但在现实的政治运作过程中，一致同意的原则较难实现。

（2）萨缪尔森一般均衡理论

萨缪尔森（1954）假定只有两个消费者且生产可能性组合及真实偏好既定，同时市场中只有两种消费品，即私人品和公共品。每个消费者都有各自的公共品需求曲线，两个消费者的需求曲线垂直加总得出整个社会的需求曲线。此外，两位消费者消费全部数量的公共品，并且他们愿意支付的共同价格等于他们每个人愿意支付的数额之和。同一般均衡分析一样，当公共品市场供给曲线与需求曲线相交即市场出清时，模型得到最优公共品供给规模。从福利角度来看，均衡公共品产出量也是最优产出量，因为此时边际社会收益等于边际成本（布鲁、格兰特，2014）。

在一个消费者效用既定且生产可能性曲线已知的情况下，生产可能性曲线的斜率是公共品和私人品之间的边际生产转换率，当边际生产转换率等于两个消费者对两种商品的边际替代率之和时，社会资源配置实现帕累托最优。萨缪尔森的一般均衡理论将一般均衡分析方法用于社会资源的配置研究、不同消费者的最优消费品组合分析及最优公共品供给规模与价格研究，并使用几何图形进一步阐述了公共产品的有效供应理论（张馨等，2000），使边际效用理论与公共品供给问题的结合更加紧密，为公共品理论的发展奠定了坚实基础（刘君，2014）。

2. 公共品供给方式的理论

现代主流经济学相关理论认为外部性、公共品、垄断与信息不完备是市场失灵的原因。市场失灵让市场经济无法调节公共品供求，为政府供给公共品提供空间。现在关于公共品供给方式的理论较为丰富。

（1）政府供给。早期的公共品主要是由共同的组织提供的服务以满足利益集团共同的需要，例如，政府需要设置军队以抵御其他利益团体的侵犯，也需要完善司法机关以保护人民财产安全等公共服务（Smith，1776）。马斯格雷夫认为政府可以纠正外部性与公共品等市场失灵现象，从而提高总体社会福利水平。陈共（2017）指出市场交易必须保证精确的利益边界，但公共品的非竞争性与非排他性决定竞争性的市场机制无法提供纯公共品。一方面，非竞争性意味着边际成本为零，如果公共品按照边际成本定价，那么私人部门无法获得最大化利润即没有动机提供公共品；另一方面，非排他性意味着无法排除他人使用或者排除他人使用成本非常高，因此，消费者不会主动购买公共品而希望消费他人支付的公共品。庇古（Pigou，1920）认为免费搭车问题无法通过市场机制解决，但是政府可以借助税收、财政补贴或者立法等方式消除外部性，最终达到私人和社会的边际成本与私人和社会的边际收益相等。

（2）私人或市场供给。传统的公共品理论认为公共品供给与生产主体是政府，私人物品则是由市场提供。然而，实际上政府提供公共品会产生资源浪费及低效等问题。科斯定理的提出挑战了庇古的外部性分析方法。科斯（Coase，1960）认为当双方中的任意一方拥有另一方行动负面影响的产权时，双方可以通过协商达成一个可接受的结果，不需要政府介入。科斯定理的结论是在交易成本为零或者很小的情况下，清晰的产权配置可以消除对庇古税和财政补贴的需求，市场均衡的最终结果是有效率的。科斯（1974）以灯塔为研究对象，研究表明灯塔由私人提供更为有效。产权理论为公共品的私人供给开创了一种新的思路。当然，现实生活中很多外部性问题因涉及人群广，讨价还价成本高，很难通过协商方式解决，政府干预则是最优选择。

（3）混合供给或多元供给。随着经济发展与产权制度完善，公共品的供给模式越来越丰富。公共品的多元化供给主要是指政府、非政府组织及私人部门采用签订合同、授权及经济资助或者政府参股等形式共同向社会提供满足社会成员的公共需求。一般而言，教育、医疗保健、社会保障准公共品多由政府提供，但是政府的垄断提供可能会降低公共部门服务效率。如果准公共品领域实现多元化供给，竞争机制的引入会提高资源配置效率。近年来，萨拉蒙（Salamon，1994）认为，在公共品的提供过程中，第三部门的加入可提高公民参与公共事务管理程度，也有利于解决双失灵问题。在公共选择理论与新制度经济学发展的基础上，奥斯特罗姆（Ostrom，2015）根据大量实证考察与案例研究，指出自然资源有效管理需要“多中心”治理系统，社区可独立确定处理公共池塘资源的规则，政府则可以向资源使用者提供信息或协助执行自然资源管理过程。此外，不同管理资源的方式适合不同的环境，其强烈建议有必要用多中心制度来应对全球气候的改变。

3. 影响公共品供给的理论

影响公共品供给规模与供给结构变化的主要因素有经济性因素及政治性因素。

经济性因素主要是指经济发展水平与经济结构。经济发展水平反映一国社会产品的丰富程度和经济效益的高低，是决定一国长远财政收入规模的基本因素，也是保持一国财政收入规模相对稳定的因素，经济发展水平越高，社会产品越丰富，财政收入总额越大，政府才有充足的资金来提供公共品（陈共，2017）。我国城乡二元经济结构下公共品差异化供给加大城乡收入差距（文伟扬等，2014），不利于实现基本服务均等化。

政治性因素主要是指财政分权体制。财政分权作为制度因素会引发地方政府财政收入变化，从而引发地方政府行为变化（周业安、章泉，2008）。政府倾向于基础设施建设投资，忽略了民生类支出（傅勇、张晏，2007；贾俊雪等，2006）。转移支付制度下粘蝇纸效应的存在进一步说明上述观点。

三、人口流动与公共品有效供给理论

萨缪尔森 1954 年和 1955 年先后发表经典论文《公共支出的纯理论》和《公共支出理论的图解》，并通过数学最优化的方法推导公共品的最优化条件——每个人对公共产品和私人产品的边际替代率之和等于相对边际社会成本。然而，他认为分散的价格机制无法确定集体消费的最优水平，即竞争性的市场无法实现公共品资源最优配置。后续学者发现公共品供给具有“市场解”，同时，部分学者也就地方辖区最佳规模进行研究。

（一）用足投票理论

蒂伯特（Tiebout，1956）提出了一个关于地方政府提供地方性公共品的模型，即用足投票理论。蒂伯特模型有七条严格的假设条件：第一，双重身份的居民（消费者—投票者）可以自由流动，他们可以流向最适合其偏好的社区；第二，居民对各社区公共品收支模型具有完全信息；第三，有充足的社区可以提供各种类型的公共品组合；第四，居民的流动并不受到各地区就业机会的约束；第五，公共品在各社区间没有外部性；第六，社区模式是管理者根据原有住户偏好来设定的；第七，各社区都以最低平均成本生产公共品。

基于上述假设，蒂伯特认为，地方政府作为类似于竞争性市场上的厂商，可以为居民提供多样的地方公共品组合，且当居民实现自由流动时，每位居民都像在市场上选择商品一样选择最符合其偏好的社区，这个社区所提供的公共服务和税收组合最能满足他们的偏好。通过“用足投票”的居住地选择方式，居民可以表露出他们对公共品真实的偏好。由于每位居民都选择最优社区，再流动也不会增加其效用，所以，各社区间公共品供需达到均衡时可以实现帕累托最优。至此，蒂伯特拒绝了公共品的非竞争性与非排他性引发消费者隐瞒或者扭曲公共品消费偏好的观点，进一步指出地方公共品供给中可以找到“市场解”。具体地方公共品均衡的情况如图 2 - 1 所示。

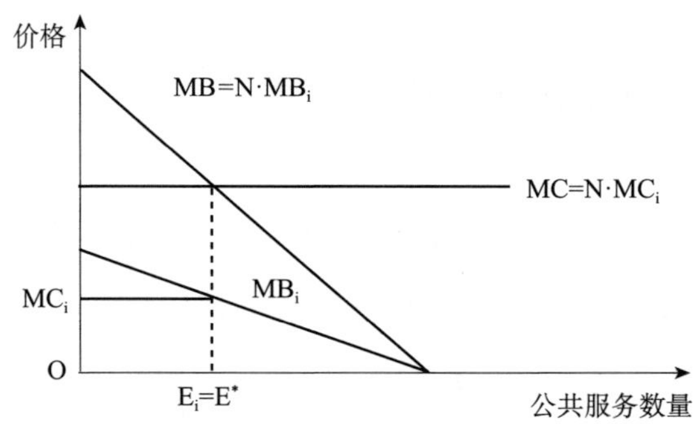

图 2 - 1　蒂伯特社区中的公共服务需求

假定辖区某个社区每个人都有相同的需求或边际收益（MB_i），N 个人的总收益为 MB。如果每个消费者支付相同的成本（MC_i），总的成本为 MC。当公共品供需均衡时，每个人的边际成本等于每个人的边际收益，同时，每个人的消费数量就是公共品供给的数量。蒂伯特模型表明，人们可以借助流动方式表达对公共品的真实偏好。人口流动会引发地方政府间的竞争，即地方政府需提供更加优质的公共品来增加当地居民福利、吸引其他地区的选民流入，据此，在竞争机制的作用下，地方政府相较于中央政府更加容易实现地方性公共品的有效供给。蒂伯特为财政学特别是地方财政学的发展作出巨大贡献，但是蒂伯特模型的假设过于严格，在现实生活中很难成立（钟晓敏，2014）。例如，双重身份者可以无成本自由流动，中国的户籍制度限制人口自由流动，户籍管制所搭载的各种公共福利使流动人口与城市常住人口间的冲突日益增加（叶建亮，2006）。哈密顿（Hamilton，1975）发现，居民的自由流动表达了对公共品的偏好，但供给价格机制的缺乏仍会导致公共品供需失衡问题。因此，他提出以财政分区的形式来限制人口流动，实现公共品有效供给。

在用足投票理论的基础上，考曼等（Kollman et al.，1997）建了一个可计算的蒂伯特模型来研究制度差异对公共品有效供给的影响。每个社区可提供本地公共产品和政策的特定平台，政治机构需要辨别当前居住在管辖区内的代理商的偏好，并根据民主投票制、直接竞争制或比例代表制的政治制度来确定特定平台的类型。居民具有线性可分的偏好，且可以借助流动的方式来寻找最优的公共品政策组合和社区，但他们没有考虑自身动向对未来政策的影响。研究发现，在具有多个司法管辖区的蒂伯特竞争模型中，一些政治机构通过引入更好的居民分类来产生更高的总效用，当存在多个社区时，具有较高程度“政治不稳定性”的政府机构似乎会引入更好的分类。人口流动是“用足投票”的结果，而流入地区是流动人口对经济发展水平带来的公共品供给水平偏好的真实体现①。

（二）最优辖区理论

用足投票理论认为地方政府提供地方性公共品更为有效，但其并未确定辖区的最优规模与居民的最优数量，后来学者布坎南（1965）、桑德勒和祈哈特（Sandler and Tschirhart，1980）基于俱乐部理论视角对上述问题进行探讨。下面将详细介绍布坎南的俱乐部产品理论及最优辖区理论的发展。

布坎南研究假设如下：第一，俱乐部排除非会员不需要成本；第二，俱乐部里的会员不受到其他会员的歧视；第三，会员分摊相同的成本和收益。他以游泳俱乐部为例，考察俱乐部会员代表行为，最终决定俱乐部成员数的最优规模。

布坎南假定游泳俱乐部总产本固定为 C，游泳俱乐部成员的数量为 N，且每个人的偏好和收入相同。如图 2－2 所示，随着会员数量的增加，每个人所分担

① 史桂芬，楚涵宇．中国房地产税征收的经济效应分析［J］．东北师大学报（哲学社会科学版），2019（5）：46－56，2.

的固定成本有所下降，即边际收益 MR 下降。但与此同时，会员数量的增加会带来拥挤程度的上升，即边际成本 MC 上升。当会员承担的边际成本与边际收益相等时（E^*），俱乐部规模达到最佳状态，此时因会员增加带来的分摊成本下降收益与拥挤程度的成本相互抵消，按照一般均衡原则，此时的游泳俱乐部的人数（N_0）是最佳规模。俱乐部的最优规模与俱乐部成员数量相关，俱乐部成员退出或者进入机制的引入就是“用足投票”的过程。在此基础上，桑德勒和祈哈特（1980）对最优居民规模及最优公共品供给数量进一步研究。

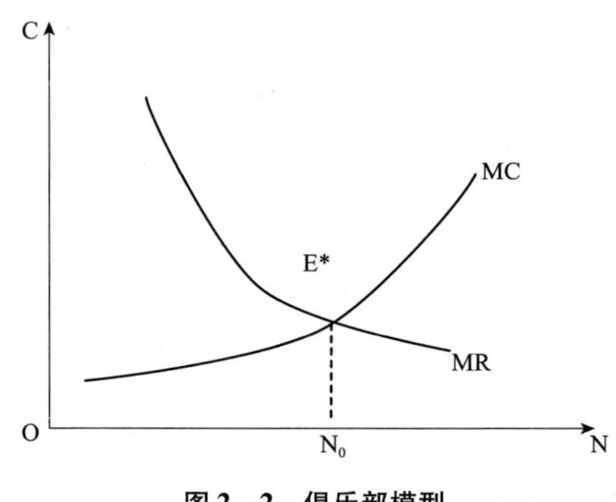

图 2－2　俱乐部模型

如图 2－3 所示，第一象限横坐标表示居民的数量（N），纵坐标表示居民的人均成本（C）与收益（R），这个区域要确定既定公共品供给水平最优居民数量。以 C_2 与 R_2 所代表的公共品供给水平为例，当人均收益与人均成本相等时，可得到最优居民数量 N_2。在既定公共品供给水平下，当辖区居民数量少于 N_2 时，辖区居民分担公共品成本的下降所带来的收益高于拥挤成本，此时，人口会更愿意流入到这个辖区。反之，当辖区居民数量大于 N_2 时，拥挤成本大于居民分担公共品成本的下降所带来的收益，人口会选择流出该辖区。这个过程充分体现出居民“用足投票”来实现最大效用的过程。第二象限是在既定居民数量、居民同等收入及偏好的情况下确定公共品最优产量。D 曲线表明辖区代表性居民对地方公共品的需求，M 曲线代表不同居民数量下的人均边际成本。当居民需求曲线（D）与居民成本曲线（M_2）相交时，可得到最优公共品供给数量为 Q_2。由此可知，居民的数量决定着公共品最优供给的数量。在第三象限进行 45°线转换，在第四象限将在不同公共品供给水平下最优居民数量（N_{opt}）与不同居民数量下最优公共品供给（Q_{opt}）联系到一起，两条曲线的交点同时确定了最优的公共品供给与最优的居民数量。但最优辖区理论的研究未考虑到公共品的种类、外溢性及规模经济等问题（钟晓敏，2014）。

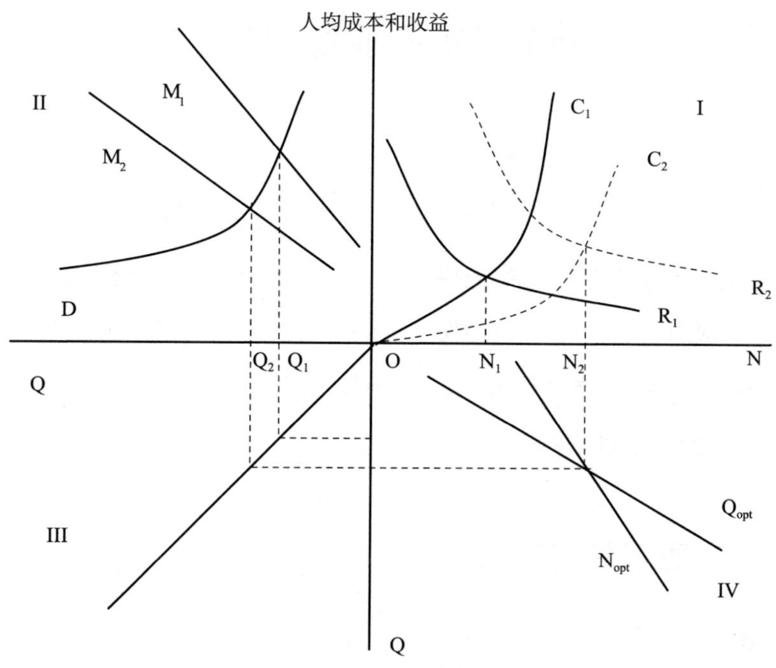

图 2-3　最优辖区理论模型

以上研究将人口流动理论与公共品理论紧密联系到一起，这充分体现了人口学、公共经济学及区域经济学等多学科交叉发展模式，从而丰富了公共品理论的研究视角。现今中国具有庞大的流动人口，这对传统公共品的供给种类、数量及质量发起挑战。因此，研究中国式人口流动背景下如何实现公共品的有效供给具有重大理论意义与现实意义。

第三章　人口流动背景下农民公共品供需的文献综述

本章分别从人口流动、公共品以及人口流动与公共品三个方面梳理相关文献。其中，人口流动部分主要梳理探究人口流动对经济发展及相关经济因素影响的相关文献，公共品部分主要梳理探究影响公共品供给与需求的相关文献，人口流动与公共品部分主要梳理研究人口流动与公共品供给关系的国内外文献。最后，本章对所梳理的文献进行总结与评述。

一、人口流动相关影响

（一）人口流动对宏观经济影响的文献综述

1. 人口流动对经济发展影响的文献综述

起初，关于人口流动产生的影响的相关研究，主要集中于人口流动对经济增长的影响。人口流动研究起源于威廉·配第（1676）对人口流动与经济发展之间关系的研究，后来学者相继发展出了人口迁移理论（Lee，1966），推—拉理论（Todaro，1969）、工资差异与均等化理论（Fei and Ranis，1992）、人力资本理论（Schultz，2014）以及经济增长理论（Solow，1956）。第一代理论模型集中在人口迁移对经济收敛作用的探讨，主要有拉姆齐（Ramsay，1928）、索洛（Solow，1956）等，他们通过建立模型来分析人口流动对弥合经济增长差距的重要作用，在模型中考虑到了导致经济非收敛的影响因素，如干中学、外部因素以及人力资本积累等对不同地区经济增长的影响（Barro and Sala-i-Martin，1992；Lucas，1990；Romer，1990；史桂芬、黎涵，2018），发现人口流动对地区间经济差距不仅具有收敛作用，还有扩大的作用。此外，学者们通过对理论模型拓展以及实证分析，针对不同国家的情况，分别探究了人口流动对经济增长的影响，并得出了不同结论。一部分学者通过实证发现，人口流动对消除区域间经济增长差异的影响不大。巴罗（Barro，1991）分别对跨国和美国国内人口流动与经济增长之间的关系进行分析，发现国际间人口流动对经济增长收敛效果不明显，而一国内人口流动对经济增长具有明显的收敛作用。巴罗和马丁（Barro and Sala-i-Martin，1992）通过将日本、英国和美国的数据进行对比，发现人口流动并不是这些国家经济收敛的原因。而后，巴罗和马丁（2004）两位学者又通过将日本、美国以及欧洲五国1950～1990年的数据进行分析，依旧证实了上述观点。盖齐吉和休斯因（Gezici and Hewings，2004）通过研究土耳其1987～1997年地区经济收敛，发现人口迁移并不是地区经济收敛的解释变量。基尔达尔和萨拉克格鲁（Kirdar and Saracoglu，2006）通过对土耳其国内人口迁徙进行研究，同样证实了人口迁移对消除地区间经济增长收敛影响不大。基尔达尔和萨拉克格鲁（2008）同样研究土耳其经济发展与人口流动的问题，发现人口流动不利于地区经济增长。另一部分学者通过实证分析，则得出了相反的结论，即认为人口流动有助于经济收敛。泰勒和威廉姆森（Taylor and Williamson，1997）考察了17个国家的数据，通过将没有人口流动与存在人口流动的模型进行对比，发现人口流动对经济收敛具有巨大作用。奥斯特比和韦斯特伦德（Ostbye and Westerlund，2011）基于动态面板模型分析，对挪威（人口流出地）和瑞典（人口流入地）的数据进行分析发现，人口流动对两国经济均具有促进作用，表明人口流动有利于缩小地区间经济差距。奥茨根等（Ozgen et al.，2009）研究发现，净迁移率每增加1%，人均GDP增长率增加0.13%。其后，德拉柯兹（Derlacz，2009）将迁移率纳入增长模型中，对欧盟27个国家1990～2007年的数据进行实证研究，发现迁移率对经济收敛具有重要影响。刘易斯（1989）通过研究发现，人口由农村向城市迁移，不仅有利于城市地区的经济增长，同时还释放了农村地区剩余劳动力，进而得出人口流动有利于经济稳定增长的结论。戴和麦克梅纳斯（Dye and MacManus，1991）分析发现，人口迁移对经济增长具有重要作用。

综上所述，对不同的地区和国家，人口流动对经济增长的影响具有一定的差异性。基于此，我国学者也对人口流动与经济增长之间的关系进行研究，其结论也不尽相同。樊纲（1995）指出，世界其他国家、地区协调发展都离不开人口的流动与迁徙，由此他提出了人口流动有助于经济发展的观点。李实（1999）通过对1995年抽样调查数据进行实证分析，发现农村劳动力向城市流动对缩小城乡收入差距具有重要作用。刘强（2001）认为，鉴于中国劳动力在一定时间内近似无限供给，劳动力流动对中国经济收敛具有重要影响。姚枝仲等（2003）则先从理论的角度证实了劳动力流动是缩小地区差距的重要因素，接着又通过实证分析进一步支持了理论分析的结论。王德等（2003）将我国1985～2000年平分成三段，通过测算基尼系数的变化，分析人口迁徙对地区经济收敛的影响，发现人口迁移有助于熨平地区经济发展不平衡。王小鲁和樊纲（2004）通过研究影响中国地区差距的因素发现，农村劳动力从中西部向东部流动有助于缩小地区间经济差距。

随着理论模型的逐渐拓展和完善，一部分学者对人口流动与经济增长之间的关系提出了不同的观点。其中，有学者研究发现，人口流动使得大量技术工向经济发达地区集聚，有利于优化劳动力结构，提高资源配置效率，从而促进经济增长①。李晶和汤琼峰（2006）运用巴罗和马丁的经济增长模型，研究中国东、中、西部三个地区的人口流动与经济发展水平之间的关系，发现在完全竞争与要素自由流动的假设条件下，人口流动会加大地区间经济发展的差距。肖六亿（2007）通过对比中国东、中、西部三大地区分工格局发现，人口流动导致中西部地区人才流失，使东部地区成为经济中心，人口流动促使区域间经济差距更大。许召元和李善同（2009）则运用CGE模型分析，发现劳动力流动不能缩小地区间经济差距。樊士德和姜德波（2011）依托于巴罗和马丁的经济增长模型，通过理论分析发现劳动力流动会扩大地区间经济增长差距，并运用1995～2005年中国各省流动人口数

① 史桂芬，黎涵．人口迁移、劳动力结构与经济增长［J］．管理世界，2018（11）：174－175.

据进行实证分析，证实了理论推导的结论。杜小敏和陈建宝（2010）则从中国经济整体发展来看，认为人口的流动和迁移对经济发展具有积极作用，是一个帕累托改进的过程。

另一部分学者认为，人口流动对中国经济的影响不能一概而论，在不同阶段、不同地区，人口流动对经济收敛作用不同。段平忠和刘传江（2005）分析发现，人口流动对经济增长的收敛作用在20世纪90年代后就不复存在，不仅如此，人口流动甚至还会有扩大地区经济发展差距的作用。此后，段平忠（2008）将中国经济发展分成两个部分，发现在改革开放初期（1978～1987年），人口流动对经济收敛有正向影响，而在后期（1996～2003年），人口流动会加剧地区间发展差距。通过对理论模型的拓展和创新，段平忠和刘传江（2012）构建了一个剥离人均产出的分析框架，在此框架下对比分析存在人口迁移影响的中国三大地区人均产出与总产出的变化，研究发现，人口流动对西部地区内部差距具有收敛作用，而对其他地区经济发展差距影响均有扩大作用。沈坤荣和唐文健（2006）也证实了在20世纪90年代后，由于人口大规模迁徙，人口流动对地区经济收敛不再是积极作用。范红忠和李国平（2003）则从流动人口成本的角度出发，通过构建理论模型，并结合案例分析，发现流动人口成本是影响地区经济差距的重要因素。赵伟和李芬（2007）则将劳动力划分为高技能与低技能两种类别，发现高技能劳动力流动会扩大区域间的收入差距，反之，低技能劳动力流动会降低区域收入差距。刘欢（2018）研究发现，人口流动是影响经济增长的重要影响因素。

由于研究的国别以及对象不同，国外学者针对人口流动对地区经济增长差异影响的方向一直处于争论之中。国内学者在研究初期普遍认为人口流动对弥合区域经济差异具有积极作用。但是，随着中国经济改革逐渐深入、人口流动规模持续增加以及相关理论模型不断拓展和完善，国内学者发现中国人口流动对经济差距的影响需要分不同阶段、不同地区进行讨论①。虽然，人口流动对地区经济差

① 刘欢．民生财政支出、人口流动与经济增长——基于非线性面板门槛模型的实证分析［J］．贵州财经大学学报，2018（1）：13－24．

距的影响方向尚无定论，但学者们均证实了人口流动对地区经济具有重要影响。此外，学者们发现人口流动不仅直接对地区经济发展有重要影响，也对家庭收入与消费、地区人口年龄结构与人力资本、产业结构与产业集聚及地方政府行为等方面有重要影响。

2. 人口流动对产业结构影响的文献综述

劳动力与产业结构存在的关系最早由科林·克拉克（Colin Clark，1940）提出，其后国内外学者就劳动力在产业间转移与产业结构变迁的关系进行了深入探讨。刘易斯和托罗达也表明农业劳动力向第二、第三产业流动，是产业结构升级的重要途径。库兹涅茨（Kuznets，1975）研究表明，随着第一产业劳动力向第二产业不断流动，第二产业逐渐无法吸纳多余劳动力，促使劳动力向第三产业流动，进而促进产业结构升级。

中国一部分学者从劳动力就业在行业间转变的角度分析劳动力流动与产业结构升级的关系。邓智团和但涛波（2005）通过对我国1952～2001年的各产业人口数据进行分析，发现了我国农村劳动力转移途径，即逐渐从向第二产业转移到向第三产业转移。梁向东和殷允杰（2005）提到，中国农业劳动力处于过剩状态，而第二、第三产业还有很大的就业潜力，中国户籍制度导致劳动力无法自由流动成为影响产业结构无法顺利升级的重要因素。张建武等（2005）研究了发达国家产业结构升级的规律，发现劳动力集聚有助于促进产业结构升级，因此，应吸引劳动力流入以促进本地产业结构升级。陈桢（2007）将中国与发达国家进行对比，从就业结构和产业结构的角度出发，发现发达国家劳动力演进规律一般由第一产业转向第二产业，再由第二产业转向第三产业，而中国劳动力就业的改变主要发生在由第一产业向第三产业（服务业）转变，造成了就业结构与产业结构失衡。周兵和徐爱东（2008）通过对全国、浙江省以及重庆市的数据进行研究发现，虽然从理论上来看，劳动力的产业间流动是影响产业结构变化的重要因素，但是从全国以及浙江省的数据来看，由于存在大量的劳动力剩余，二者之间的作用并不明显。由于中国劳动力相比于资本具有更强的流动性，劳动力从第一产业流向其他产业，使劳动力的产业结构具有“结构红利”（干春晖、郑若谷，2009），产业结构的协调发展能够进一步促进制造业的升级转型①。方行明和韩晓娜（2013）以第二产业“民工荒”为切入点研究中国 1978～2010 年的数据，发现我国农村劳动力（第一产业）在向城市（第二、第三产业）转移，改变着就业结构和产业结构，发现中国第一产业劳动力储备在下降，第二、第三产业却还有大量的岗位空缺。

另一部分学者从劳动力在地区间流动的角度探讨人口流动对产业结构升级的影响。周昌林和魏建良（2007）以宁波市 2002～2005 年的流动人口与产业结构数据为基准，通过对宁波市 1990～2001 年的数据进行推算，同时进行实证分析发现，对于宁波市来说，流动人口对宁波市区的产业结构升级具有抑制作用。杨亮和杨胜利（2014）以上海市为对象研究发现，流动人口大多就业于低水平的行业，制约了产业向高技术水平发展，不利于产业结构升级。而黄虹和许祺（2017）同样以上海市为研究对象，证实了人口流动对上海产业结构升级有积极作用。任栋（2015）通过对中国 1990～2012 年省级数据进行实证分析，探究我国劳动力流动与产业结构升级的关系，发现劳动力流动具有负外部效应，对流出地而言，人口流动不利于该地的产业结构升级。

3. 人口流动对产业集聚影响的文献综述

人口流动对产业结构变迁有重要作用，国内外学者从不同角度关注人口流动对产业集聚的影响。国外学者屋大维和普加（Ottaviano and Puga，1997）通过研究指出，在全球化的经济环境下，劳动力的流动性对产业的集聚与蔓延有重要影响。藤田和胡（Fujita and Hu，2001）对中国 1985～1994 年工业产值进行研究，发现中国工业集聚与全球化和要素自由流动有重要关联。范和辛迪（Fan and Cindy，2001、2002）以中国广州为代表性对象研究发现，中国城乡劳动力流动有助于产业集聚的出现。藤田等（Fujita et al.，2004）研究了日本 1970～2000 年的相关数据，发现劳动力流动会促进日本的制造业产业集聚。

国内一部分学者以新经济地理为研究框架，进行人口流动对产业集聚的相关

① 廖安勇，史桂芬，黎涵．马克思制造业转型升级思想及当代价值［J］．当代经济研究，2019（6）：55－63.

研究。颜银根（2014）在新经济地理理论框架下，运用2005年中国省级数据分析劳动力流动、FDI与非农产业集聚的关系，发现劳动力流动对非农产业集聚具有积极作用。张文武（2012）以新经济地理学为框架，从垄断竞争、规模经济以及运输成本的角度切入，研究要素流动对产业空间结构变化的影响，发现不同质劳动力对产业空间结构分布有很大影响。高云虹和符迪贤（2015）通过拓展中心—外围模型，用2002～2012年的省级面板数据，研究全国与分地区的高技能与低技能劳动力流动对产业集聚的影响，发现不同地区不同技能的劳动力流动对产业集聚的影响不同，对于东中部来说，低技能劳动力不利于工业集聚，对西部来说劳动力流动对产业集聚影响不显著。朱炎亮和万勇（2015）在新经济地理研究框架下进行理论推导，发现劳动力流动对产业集聚具有向心力和离心力两方面的作用，劳动力拥挤成本较低时，劳动力流动对产业集聚具有向心力的作用。敖荣军和刘松勤（2016）则根据新经济地理学以及推—拉理论，分析中国东部沿海1980～2013年人口流动与产业集聚的互动关系，发现中国东部沿海地区人口流动与产业集聚经历了由低水平匹配到高水平匹配的过程。

另一部分学者从其他角度研究人口流动对产业集聚的影响。江霈和冷静（2008）通过研究中国1994～2006年东、中、西部三大地区劳动力流动与资本流动之间的关系发现，中西部地区劳动力向东部地区转移，抑制了劳动力密集型产业由东部向中西部集聚。谢露露（2013）运用2007年中国地级市数据构建空间计量模型，研究产业结构调整、劳动力流动性对产业集聚的作用，发现劳动力自由流动是产业集聚的基础。张车伟（2009）提出，中国目前劳动力不再处于无限供给的状态，农村劳动力向城市流动依旧是中国工业化的重要动力。李学静等（2013）运用第六次人口普查数据实证分析了我国人口流动对产业集聚的影响，发现劳动力流入对中国东部地区产业集聚具有积极作用。张车伟和蔡翼飞（2013）对比了中国不同地区（东部、中部、西部和东北）经济发展情况，发现中国区域发展不平衡，同时分析出影响区域差距变化的因素，得出有效引导人口流动对产业集聚和区域协调发展具有重要作用的结论。蔡翼飞和张车伟（2012）对中国1990～2010年人口与产业分布匹配度进行分析，发现人口不自由流动不利于人口与产业的匹配。

（二）人口流动对微观主体影响的文献综述

1. 人口流动对家庭收入影响的文献综述

国外有关劳动力流动对家庭收入影响的文献，主要从农村劳动力短期流动的角度出发，发现农村劳动力流动对家庭收入具有积极作用。耶利内克（Jellinek，1978）通过研究雅加达农村劳动力流动人口消费情况发现，农民工多将从城市赚取报酬用于留守在农村的子女教育以及家庭的日常开销，与此同时，该地区农民工多选择在家乡买房子而非所工作的城市。雨果（Hugo，1982）通过总结前人研究发现，农民普遍实行一直“非长久式”的流动状态，即在农闲时期外出打工，以提高家庭收入，并认为这种形式的打工确实可以为家庭生活提供一定的保障。卢卡斯和斯塔克（Lucas and Stark，1985）通过建立理论模型，并以博茨瓦纳为研究对象，发现流动人口不仅会通过汇款等方式提高家庭收入，还会通过购买保险等方式减少家庭因歉收等导致的家庭损失，可以保障家庭生活水平稳定。斯塔克和布鲁姆（Stark and Bloom，1985）通过研究发现，人口迁移往往不是一个人单独的行为，相伴随的普遍为家庭整体的迁移，人口迁移提升了女性的劳动参与率，这不仅提高了总迁移率，也有助于提升家庭总体收入水平。此外，由于农业生产具有一定的季节性，家庭中部分劳动力迁移会促使剩余劳动力减少闲暇时间以确保按期完成工作，劳动力流动提升了家庭整体的产出与收入。

国内学者也进行了相关研究，李实（1999）运用1995年抽样调查数据进行分析，发现中国农村劳动力向城市流动不仅有助于提升农村家庭收入，还对弥合城乡收入差距有积极作用。都阳和朴之水（2003）采用中国西部4个贫困县的调研数据，通过分析农村劳动力向城市转移对家庭收入的影响发现，农村劳动力迁移确实有助于减缓样本地区的贫困现状，即对于贫困地区而言，劳动力迁移对脱贫具有积极作用。胡枫和王其文（2007）认为，中国农村劳动力向城市流动，外出打工人员会将大量汇款寄回至家庭，这会促进人口输出居民消费，从而带动当地经济发展。杨靳（2006）认为，农村人口迁移是否能改变农村贫穷的问题，取决于人均汇率与迁移人口在农村边际产出之间的关系，当人均汇率超过迁移人口在农村的边际产出时才对改善农村贫困有积极作用。彭定赟和陈志平（2009）通过分析中国1990~2007年的数据发现，人口流动增加了农民收入，进而有助于减少城乡收入差距。应瑞瑶和马少晔（2011）也同样证实了农村劳动力流动可以缩小城乡收入差距。黄蓉（2014）将中国改革开放以来分成四个阶段，研究农村劳动力流动对农村居民消费的影响，发现农村劳动力向城市流动对农村居民消费具有促进作用，其中东部、中部农村劳动力流动对农村居民消费影响相对较大，而西部地区影响相对较小。

2. 人口流动对老龄化影响的文献综述

人口流动在改变地区人口数量，同时，地区人口年龄结构也在改变。施莫特曼（Schmertmann，1992）以美国和联邦德国为研究对象，探究人口迁徙对人口老龄化的影响，发现人口迁徙会使低生育率的群体更加趋于老龄化。马丁和普雷斯顿（Martin and Preston，1995）研究了影响老龄化水平的不同因素，其中提到，由于年轻人和老年人对居住地的选择不同，拥有不同环境的地区会吸引不同的人流入，不同类别人口流动导致不同地区的老龄化程度不同。同时，相比于城市，老年人更倾向于向乡村流动，使得乡村的老龄化程度变得更高。安德森和胡西（Anderson and Hussey，2000）选取了八个具有代表性的工业化国家[①]进行分析，发现人口迁徙是影响工业化国家老龄化程度的重要因素。加夫里洛夫和叶维林（Gavrilov and Heuveline，2003）在分析影响老龄化的因素时提出，老龄化可以通过人口迁移来调节。对于加拿大以及欧洲国家，移民人口通常更年轻，这有助于减缓人口老龄化程度。而对于加勒比地区国家，迁入人口多为退休人口，这将会加剧当地人口老龄化。王和马森（Wang and Mason，2005）从中国城乡二元结构角度出发，通过研究中国老龄化情况发现，农村劳动力不断外流，一方面有助于城市基础设施的建设以便于支持城市老年人，另一方面，外流农村劳动力通过汇款的形式赡养尚在农村的父母也有助于支持农村老年人。总体来说，农村年轻劳

① 八个国家分别为美国、德国、日本、英国、澳大利亚、加拿大、新西兰、法国。

动力的外流会加速全国整体的老龄化。阿尔霍（Alho，2008）选取17个国家的样本数据，通过构建理论模型探究人口迁移对人口老龄化的影响，研究发现，通过移民来降低老龄化水平收效甚微，甚至还会进一步加速老龄化水平。还有学者探究了人口老龄化对人口迁移的影响。卡拉汉和李（Karahan and Rhee，2014）针对美国国内迁移人口逐渐减少的情况进行分析，发现老龄化水平对人口迁移也有重要影响，随着本地退休人口逐渐增多，就业机会增加，居民没有了向其他地区迁移的动机。

我国学者大多从国内间流动的角度探究人口流动对人口老龄化的影响。翟振武（1996）发现农村劳动力向城市流动会导致农村老龄化程度加深。有的学者利用省级数据对二者关系进行研究。方丰等（2010）以广东省为对象进行研究，发现人口的大量流入有助于降低广东省的老龄化程度。易莹莹（2015）则以重庆为对象进行研究，发现重庆高度老龄化与其人口净流出量高密切相关。有些学者根据人口普查数据进行研究。宋健（2006）通过分析第五次普查数据发现，人口流动对人口流入地来说会减缓老龄化的压力，对人口流出地则会加剧老龄化压力。张航空（2015）采用第六次人口普查数据，并将31个省份分为人口流出区、人口流入区和零人口流入区进行分析，发现流动人口对不同地区的老龄化程度影响不同，对人口流出区会加剧老龄化压力，对人口流入区会降低老龄化压力。而王瑜和汪三贵（2014）则从城乡二元角度出发进行研究，发现农村劳动力向城市迁徙加深了农村人口老龄化的程度。王增文（2014）则从国际间人口迁移的角度，选取欧洲16个国家和中国的相关数据进行研究，分析发现，在不控制出生率的前提下，移民确实可以减缓老龄化压力；但是若控制出生率，移民反而会加剧人口老龄化。

3. 人口流动对人力资本影响的文献综述

人力资本的概念最先由舒尔茨提出，他首先通过研究发现资本可以体现在劳动力身上，并将这种类型的资本称为人力资本。人口流动导致的人力资本的空间分布格局重新配置也成为学者们关注的话题。

从国外的相关研究看，一部分学者认为，人口流动导致流出地人才流失，即人口输出国人力资本下降。滨田和巴格瓦蒂（Hamada and Bhagwati，1974）则认为，欠发达国家人口流动导致的人才流失会使其缺乏科学研究的专业人才，会导致人力资本下降。宫城（Miyagiwa，1991）通过建立人才流失模型发现，具有高技术能力的专业人才更趋向于往发达国家流入，造成了人才流失，同时发现，对移民采取限制政策仅能抑制中低端的人才流出，不能控制高端人才的迁移，因此，高技术工迁移会导致人口输出国人力资本水平下降。哈克和金（Haque and Kim，1995）也同样认为人口流动会导致人口输出国人才流失、人力资本下降。维达尔（Vidal，1998）通过构建理论模型、关注移民对人力资本形成的影响发现，人口流入地的人力资本形成水平与移民概率正相关。

另一部分学者则认为，人口流动导致的人才流失、人力资本下降问题需要根据国别、移民素质等具体分析。格鲁贝尔和斯科特（Grubel and Scott，1968）指出，高技术人才流动确实会导致流出地的人才流失，但是高技能人员（科学家和工程师）的研究成果可使所有国家受益。滨田和巴格瓦蒂通过理论推导发现，如果排除了对移民劳动阶层工资的效仿，则人口迁移导致的人才流失问题可以改善，但是，如果移民均是由天赋高的人才组成，那么即使有灵活的工资调控，也无法阻挡人才流失。斯塔克等（Stark et al.，1997）通过理论推导发现，移民可以改变贫穷国家投资人力资本的形成动机，促进贫穷国家对人力资本的投入，即移民对人口输出地的人力资本具有一定的积极作用。斯塔克等（1998）的进一步研究显示，人口流动虽然会带走部分人力资本，但是留在本地的劳动力会因此得到能力提升的机会，进而比在没有迁移前形成更多人力资本。贝恩等（Beine et al.，2001）也通过理论推导和分析发现，当发展中国家处于发展陷阱且迁移率不高时，或者经济已经处于相对较高的增长阶段且迁移率处于中等水平时，存在人口流动的正向作用，即人口输出地的人力资本会随着人口流出而提高，其通过选取 37 个发展中国家作为样本进行实证分析，结论与理论分析相一致。此后，贝恩等（2008）对 127 个发展中国家进行进一步实证分析，同时模拟对比移民前和移民后人口输出国人力资本的变化。研究发现：从全样本来看，移民有利于人力资本的提升；从单个个体来看，对于全球化程度较高的国家（如中国、印度、巴西）人口输出有利于人力资本的提升，而对于撒哈拉以南的非洲以及中美洲的小国家来说，人口输出不利于本国人力资本提升。

国内也有部分学者探讨了人口流动对人力资本的影响。侯力（2003）认为，人口流动不仅有助于人口流入地人力资本的提升，还有助于人口流出地重视人才的培养，积累人力资本；同时，也指出不应忽视劳动力流动带来的负面影响。杨蔚等（2008）通过对索洛模型的拓展，研究了省级人口迁移、人力资本等因素对地区经济增长差距的影响，认为虽然人口迁移确实会导致中国中西部地区的人力资本流失，但是这种负面作用很小。杜小敏和陈建宝（2010）则持有不同意见，他们认为，中西部地区的人口迁出导致了人力资本的大量流失，对本地经济产生不利影响。阮荣平等（2011）则利用省级面板数据，从人口输出地的角度分析人口流动带来的影响，发现总体来看，人口流动削弱了人口输出地的人力资本，但是这种削弱力度会随着经济增长差距的扩大而减少。曹建云（2016）则从全国的角度出发，认为人口流动在不同时期的特征不同，1990～2000 年的人口流动不是市场驱动导致此阶段的劳动力流动阻碍了中国整体人力资本水平的提升，而 2000～2010 年的人口流动则有效促进了中国人力资本水平。

总体来看，人口流动对人口流入地的人力资本影响是积极的，对人口流出地的影响则有利有弊，需要分阶段具体分析。

4. 人口流动对政府行为影响的文献综述

蒂伯特（1956）最早提出了人口流动与公共品供给互相选择的机理。其后在公共品供给方面，博格斯特伦等（Bergstrom et al.，1973）通过理论模型分析、探究公共品供给最优水平，认为人口数量和年龄结构变化对公共品供给有重要影响。在公共品需求方面，爱德华·克拉克（Clarke，1971）、格罗夫斯和莱德亚德（Groves and Ledyard，1977）则设计了引导居民真实表达其对公共品需求的机制（AGV 机制）。此外，考虑到人口大量流入会导致拥挤效应，博尔歇丁和迪肯（Borcherding and Deacon，1972）提出了 B-G 模型，其后又有众位学者在此基础上将模型进行拓展（Craig，1987；McMillan，1989；Edwards，1990；McGreer and McMillan，1993；Means and Mehay，1995）。

基恩和马钱德（Keen and Marchand，1997）认为，政府会根据要素的流动性不同，采取不同的税收政策。当人口流动性低于资本流动性时，政府就会通过增加生产性财政支出的方式来吸引资本流入，此时会导致居民无法享有本该获得的公共服务。怀尔德森（Wildasin，1988、1991）通过构建包含人口跨区域流动的理论模型来考察分权制度下人口流动对地方公共品供给的影响，考察发现，流动人口得到的公共品供给要少于本地居民，难以实现移民与非移民在税率以及服务方面的均等化。威尔士（Wellisch，1996、2000）则通过考察人口流动对地方公共品供给的影响发现，人口流动会对地方公共品供给产生正外部效应，导致人口流出地的地方政府出现降低本地区政府在民生财政方面支出比例的“搭便车”行为，进而造成人口流入地公共品供给的“拥挤效应”。

中国学者付文林（2007）在地方公共品的供给函数中加入了人口流动因素，他发现，地区人口增加会提升地方公共支出，流入人口过多会造成公共品供给拥挤现象出现，导致公共品供需无法匹配。王德祥和李建军（2008）以湖北省2002～2006年的市县数据为对象进行研究，发现公共品供给规模会随着人口流入而增加，公共品的平均成本随人口规模扩大而减小。赵农和刘小鲁（2008）以核心—边缘理论为基础进行论证，论证得出，当人口数量过于密集时，会出现“拥塞效应”，居民人数成为影响公共品供给质量的重要因素。刘小鲁（2008）在构建需求模型和供给模型的基础上，运用我国28个省1995～2004年的数据进行分析，分析发现，地区人口增加会降低人均公共服务的质量，即人口的流入会恶化公共品供给。江依妮（2013）则以广东为例研究，发现尽管广东省已经开始关注于外来人口的公共品供给问题，但是以户籍为准的公共服务支出导致流动人口无法得到公平的公共品供给。段哲哲和黄伟任（2016）对福建省县市数据进行面板分析发现，人口流入会导致流入地教育资源产生挤占效应，地方政府对流动人口子女设置门槛，从而使流动人口基本公共品需求无法得到满足。王金营和李庄园（2016）以宁波市作为对象进行研究发现，随着人口流入规模逐渐扩大，财政支出的增长较快，对公共品的需求越来越大。除此之外，就目前中国流动人口的现状来看，人口流动家庭化成为主要趋势（盛亦男，2013），这就带来了流动人口子女对教育等公共品的需求。黄祖辉和许昆鹏（2006）指出，随着农村劳动力不断向城市涌入，农民工子女对教育的需求在与日俱增，尽管政府采取措施扩大中小学的规模，但是仍然无法满足农民工子女的教育需求。张翼和周小刚（2012）调查发现，流动人口子女约有15%进入公立学校单独班，由于教育的稀缺性及户籍制度歧视的存在性，政府无法给予流动人口与户籍人口相同的教育支持①。可见，农村流动人口公共品的需求与有效供给是一个值得深入探讨的课题。

二、公共品需求与供给

（一）公共品需求

公共品的非竞争性与非排他性决定了追求利益最大化的经济人将会隐藏自己的真实偏好，产生“搭便车”问题（冯海波，2012），导致市场机制无法正确显示公共品价格，出现市场失灵。因此，为实现社会福利最大化，公共品只能由政府通过强制性的政治手段供给（Samuelson，1954），但政府有效供给的前提是要明确社会福利函数，这依赖于公众的集体偏好结构。而公共品市场的缺失及“搭便车”问题的存在，决定了政府无法了解公众的真实偏好，导致政府供给公共品出现非帕累托问题（阎坤等，2000）。据此，明确公共品需求的影响因素进而设计良好的公共品需求偏好表露机制成为政府有效供给公共品的关键，这也是公共经济学研究的重要问题。

1. 公共品需求层次分析

马斯洛需求层次理论表明，人类在不同发展阶段的需求存在差异，就公共品需求而言，呈现出层次性和阶梯状的上升趋势（闵琪，2011）。具体来讲，随着地区经济发展水平和居民收入水平的提高，居民对公共品需求数量与层次均发生改变。

---

① 刘欢，张晨．财政分权和人口流动对地方软公共品供给的影响［J］．城市问题，2018（6）：73－79，87.

（1）公共品需求层次划分。公共品需求层次的划分多是基于马斯洛的需求层次理论，具体划分存在三种不同方法。一是将公共品划分到需求层次理论的五个部分中（闵琪，2011；杨全社，2010）；二是根据理论将公共品需求层次划分为三个阶段，分别是满足个人生活需要、满足家庭生活需要及满足个人进一步发展需要（王竹林，2009；杜巍等，2016）；三是仅将公共品的需求层次按照理论进行排序（龚金保，2007）。

（2）公共品需求变化趋势。由于低层次公共品需求的刚性，其受经济发展水平变化的影响较小。具体到中国，多数研究主要针对农民群体。廖清成（2006）通过对中部农村地区实地调研发现，随着收入水平的提高，农民对教育的重视程度最高，而关注医疗卫生的群体最广。樊丽明等（2008）通过对山东、河北地区的农村进行实地调研发现，在人均纯收入高于全国平均水平的农村地区，农民对农村社会养老、农业科技信息服务、农村金融服务的需求最大。杜巍等（2016）通过对深圳地区的农民工进行访问发现，不同代际农民工存在不同的公共服务需求层次，其中，第三代农民工的公共服务需求层次最高，主要原因是“留城意愿”的增强。由此可见，处于不同地区的农民公共品需求的变化趋势不同，但对高层次公共品的需求均呈现增加趋势。

2. 公共品需求的影响因素

明确公共品需求影响因素是政府了解公众公共品需求的重要前提。理论上讲，影响居民公共品需求的因素主要可以归纳为以下四类。

（1）公共品价格。“免费搭车”问题的存在决定了公共品需通过非市场机制提供，税收成为政府供给公共品支付费用的补偿来源，即财政收入支配到能使每个公民在财政捐税的边际负效用和国家所“产生”的公共服务的边际效用之间达到平衡（张馨等，2000），因此，税收即为公共品的价格，当税收提高时，居民对公共品的需求下降。但是，国内学者针对此问题的研究得到了不同的结论。俞锋等（2009）指出，受政府目标的非营利性及公共品提供政治程序的影响，公共品价格在一定时期内呈现稳定趋势，因此公共品需求的价格调节作用较小（雎党臣，2008；闵琪，2010）。卢洪友等（2010）研究发现，公共安全具有明显的价格效应，在农村地区主要体现在农业生产设施和社会保障价格这两类公共品上（卫龙宝等，2015）。

（2）居民收入。作为一种正常品甚至是优质品，随着居民收入水平的提高，公共品的需求量将以更快的速度增长，但其内部各组成部分增长速度存在差异，表现为居民对更高层次的公共品呈现出更旺盛的需求。樊丽明等（2008）的实地调研结果显示，在人均纯收入高于全国平均水平的农村地区，农民对农村社会养老、农业科技信息服务、农村金融服务的需求最大，这与廖清成等（2006）的调研结论相一致。根据马斯洛的需求层次理论可以推断，随着居民收入水平的提高，其对高层次公共品需求量的增长速度更快（韩清轩，2007）。

（3）公共品供给现状。公共品供给现状对公共品需求的影响主要分为数量与质量两方面。一方面，公共品的非餍足性决定了居民对供给水平较低的公共品供给评价较低（樊丽明等，2008）；另一方面，公共品的供给质量也是影响需求的重要因素。卢洪友等（2010）通过对公共安全需求的研究指出，更高的犯罪率将增加居民对公共安全的需求。

（4）公共品的替代效应与私人品的替代效应。由于社会资源的有限性，当居民对私人物品的需求增加时，对公共品的需求下降。当居民对某些公共品需求增加时，对其他公共品需求下降。因此，对公共领域所经营的国家资源和私人领域所经营的国家资源进行适当地支配及合理配置是提高资源利用效率的重要基础（张馨等，2000）。

受我国城乡公共品供给差异的影响，在农村地区，除以上影响因素外，农民的公共品需求还会受到个人特征、村庄特征及农民受教育程度的影响（樊丽明等，2008；王伟，2014；卫龙宝等，2015）。此外，地域性也会显著影响公共品需求（曾松亭，2006）。研究方法上，多数学者首先采用调查问卷法直接获取居民对不同种类公共品的需求，进而运用计量方法进行实证检验，由于被解释变量均为二元决策变量，Probit 与 Logistic 模型被广泛应用，相关研究主要集中在农村地区（樊丽明等，2008；俞锋，2009；王伟，2014；卫龙宝等，2015）。

3. 公共品需求偏好的表露机制

了解公众对公共品需求偏好是政府有效供给公共品的前提，但由于“免费搭车”的存在，公众将隐藏自己的偏好信息，因此，设计合理的偏好表达机制进而实现公共品的最优供给成为公共经济学研究的重要问题，而对这一问题的研究具有突出贡献的当属“用足投票”和“用手投票”理论。

（1）“用足投票”理论。“用足投票”理论源于蒂伯特在1956年发表的文章《一个地方公共支出的纯理论》。在模型中，假设存在多个满足公众不同公共品偏好的社区，不同的公共品组合对应具有差异性的税率，公众对社区差异具有完全信息，可以通过自由流动选择符合自己偏好的社区，选择过程即为其公共品偏好显露过程，通过这一机制，市场经济可以有效配置资源，实现社会福利最大化。但需要注意的是，蒂伯特模型是针对地方支出，由于土地有限性及人口非完全流动性的存在，“用足投票”缺乏相应的解释力（阎坤等，2000）。

（2）“用手投票”理论。受到蒂伯特“用足投票”理论的启发，“用手投票”的偏好表露方法得到广泛关注。作为一种群体偏好的集结方法，其可以有效地解决地方居民个人偏好表露及其汇总问题（刘小锋，2007）。适当放松阿罗（Arrow）不可能定理中的假设条件可以克服“投票悖论”（Black，1958）。同时，公共选择学派通过制度构建研究多数规则下公众偏好显露问题。典型代表是中间投票人理论。在中位选民模型中，具有中位偏好的中位收入者在确定社会对公共品实际需求中起着决定性的作用，因此中位选民对公共品的偏好，也就反映了社会对公共品的偏好（Romer et al.，1979）。根据这一原理，波美拉尼亚和弗雷（Pommerehne and Frey，1976）最早建立起公共品的需求方程以估计公众的公共品需求。吉布森（Gibson，1980）利用微观调查数据，将个人偏好作为一个重要解释变量估计了公共品的需求弹性。但中位选民模型同样面临着两个重要问题需要解决：一是中位选民尺度的衡量；二是公共品的产出如何衡量。

除投票机制外，经济学家也将拍卖理论用于公众偏好显露问题的研究，包括私人品生产和消费的偏好显示问题（Vickrey，1961）、公共品的多部定价体系设计（Clarke，1971）及公共品偏好显示的最优激励机制设计（Groves，1977）。此后，公众偏好显露方法研究开始走向多元化，特征调查法（Rosen，1974）、问卷调查法（Brookshire，1982；Briscoe，1990；Rasch，2009；樊丽明等，2008；卫龙宝等，2015；杜巍等，2016）及实验经济学等都取得了较大进展。但国内对于这一问题研究目前还比较少（冯海波，2012），相关研究集中在利用宏观数据实证估计居民公共品需求（刘小鲁，2008；龚锋等，2009；闵琪，2010；李成宇、史桂芬等，2016）。

（二）公共品有效供给

1. 公共品有效供给的概念

公共品有效供给是指满足居民需求的公共品供给，即公共品的供需均衡。其实质是公共品的数量和价格水平应确定在何种水平才能实现公共品供需均衡（岳书铭，2007）。汪前元和李彩云（2004）依据有效需求理论提出，各级政府应以有效需求为决策依据决定公共品供给的数量与结构以实现供需均衡。如果不考虑消费者的需求和支付能力，供需均衡与公共品最优供给则无法实现（朱建文、瞿晓强，2009）。关于公共品均衡的理论研究包括林达尔均衡、庇古均衡及萨缪尔森的一般均衡，其中，林达尔指出公共品有效供给的关键在于消费者自己从公共品消费中获得的边际效用价值等于其支付的税收价格，从而相应地承担公共品的成本（Lindahl，1918）。但最具影响力的还属萨缪尔森的一般均衡理论，他将一般均衡分析方法用于公共品供给效率分析，并以几何图形进一步阐述了公共品有效供给的理论（张馨等，2000），将边际效用理论引入公共品供给分析，为公共品理论的发展奠定了坚实基础（刘君，2014）。

2. 公共品供给的主体

有关公共品供给主体的研究主要存在两种观点（马珺，2012）：第一种为主流财政学的主张，即由政府供给具有“公共性”的物品，进而根据其受益范围和受益程度决定由哪级政府承担以及其参与的具体形式；第二种为以布坎南为代表的非主流财政学主张，该主张将公共品供给看成是公众的决策过程，即理性的参与者以满足个体需求为目的，为实现自身利益最大化，对不同组织形式的成本比较，进而决定何种物品由政府供给。可以看出，此观点并不设定公共品的客观标准，公共品供给可以通过市场机制进行。随着新公共管理运动的兴起，以私人部门积极参与为核心内容的公共品供给得以付诸实践（贾康等，2016），以奥斯特罗姆等为代表的新公共管理者对政府作为公共品唯一供给主体观点提出挑战（刘德吉，2016）。公共品供给主体逐步走向多元化，以 PPP 模式为代表的多元化主体的公共品供给得到国内学者的广泛关注，学者们针对 PPP 的原理、运行中的现状及存在的问题及解决对策进行了大量研究（周正祥等，2015；陈志敏等，2015；查勇等，2015；郭建华等，2016；贾康等，2016）。

国内关于农村公共品供给主体的研究多从准公共品角度展开，源于其部分排他性，因此可以通过市场机制供给（王书军，2009），相关研究集中在私人供给的可行性与有效性及供给模式的构建方面，多数学者主张实现农村公共品供给主体多元化，研究方法以博弈论分析为主（廖清成，2004；郭少新，2004；焦少飞，2006；陈本凤等，2012；王奎泉等，2014；李继刚，2016）。

3. 影响公共品供给的因素

明确公共品供给影响因素是政府实现有效供给的重要前提。理论上讲，影响公共品供给的主要因素可以归纳为以下三类。

（1）经济因素。经济发展水平与经济结构。随着经济发展水平的提高，居民消费逐渐升级，开始追求高质的公共品或公共服务。同时，经济发展水平较高的地区，地方政府可获得更充足的财政资金，有利于增加公共品供给规模与优化公共品支出结构。但在中国特有的城乡二元经济结构下，地方政府重城镇而轻农村，导致城乡供给水平差距过大（陈池波等，2006；李燕凌等，2008），缩小城乡或者区域公共品供给差距的根本措施是发展经济（豆建民、刘欣，2011）。

（2）制度因素。

第一，财政分权。中国政治集权下的经济分权（王永钦、丁菊红，2007）调整了中央与地方的财力分配，影响到地方公共品供给。已有研究表明，财政分权后，地方官员在晋升和考核目标的压力下，会更重视短期内较快促进经济增长的公共品（陈思霞、卢盛峰，2014），而忽略长期内有效促进经济增长的公共品（张军、周黎安，2008；邓可斌、丁菊红，2009），导致供给结构失衡，民生性公共品供给总量匮乏，地方政府公共品供给效率低下（傅勇等，2008、2010；付文林，2012；贾俊雪等，2012；范子英等，2013）。例如，傅勇和张晏（2007）研究发现，中国式财政分权及政府竞争使地方财政支出呈现“重基础建设、轻人力资本投资和公共服务”的支出结构，而地方政府治理（于之倩、李郁芳，2015）及公众参与的制度（官永彬，2016）可以有效改善公共品供给结构，提高社会居民福利水平。此外，史桂芬等（2016）认为财政分权对公共品供给的影响具有差异性。

第二，转移支付。中央政府借助转移支付制度平衡各地区财力以实现基本公共服务均等化，从而提高经济效率及增加居民福利（马斯格雷夫，1996）。但转移支付中“粘蝇纸效应”的存在使地方政府将更多的资金应用于经济建设而忽略了公共服务（Hines and Thaler，1995）。付文林和沈坤荣（2012）发现，地方政府的政策目标定位不同造成了转移支付对公共服务供给的激励存在差别，相比公共服务地方政府对经济建设更加偏好，导致转移支付对生产性建设支出产生显著的“替代效应”。亓寿伟和胡洪曙（2015）研究指出，转移支付会促进地方政府提供更多公共品，不过转移支付对地方公共品供给偏好的影响具有一定的滞后性。完善转移支付制度，扩大一般性转移支付规模，清理并整合专项转移支付项目，同时建立地区间横向转移支付制度，有助于改善地方政府公共品供给中“只表达，不供给”的现状，缩小地区间公共品供给财力差距（陈池波等，2006；刘蓉等，2011；付文林，2012）。

（3）社会因素。

第一，城镇化。有关城镇化进程中的公共品问题较为丰富。多数学者研究发现城镇化有利于改善公共服务水平。① 例如，王伟同（2009）发现，城市化水平的增加有利于提高区域基本公共服务水平。李斌等（2018）通过探讨土地财政、新型城镇化对公共服务的影响发现，新型城镇化水平的提高有利于增加公共服务供给，但土地财政的新型城镇化效应降低了公共服务供给水平。少数学者认为，城镇化对公共品产生不同的效应。例如，韩川（2016）认为，城镇化会提高城市

① 李成宇，史桂芬，杨锋锋．城镇化进程中地方公共物品的引致需求分析［J］．经济经纬，2016（4）：8－13.

公共品供给水平，但由城镇化引发的城乡收入差距挤占了农村的教育与医疗卫生，在一定程度上加剧了农村公共品供给不足的现状。

第二，人口因素。刘欢和张晨（2018）基于人口流动视角研究财政分权与软公共品的关系，研究发现，经济（欠）发达地区的财政分权使软公共品供给随人口流入（流出）量的增加而下降，且发达地区财政分权度越高，人口流动的负效应越明显。人口流动造成流出地公共品供给过剩[①]，导致公共品供需空间不匹配，即农村需求主体缺失，城市需求总量增加，而以户籍制度为标准的城市公共品供给模式及以地域为主体的农村公共品供给模式不能与之匹配，导致公共品供给出现空间不匹配问题，加剧公共品供需失衡问题，这在教育、医疗卫生等具有排他性的福利项目上表现最为明显（付文林，2012；陆铭，2016；李继刚，2016；史桂芬等，2017）。根据现有研究，基于需求的消费性财政支出效果要明显好于基于供给的生产性财政支出，因此，公共品供给应“以人为主体”[②]。户籍制度改革可打破非农业人口与农业人口之间的界限，给予居民“用足投票”的空间（闵琪，2010；刘蓉等，2011）。同时，缩小地区间公共品供给总量与差距，减少户籍制度所搭载的各种公共福利，改变当前人口单向流动的格局，降低人口流入地的压力，有助于消除发达地区设置流动障碍，从而可以消除公共品的歧视性供给（夏纪军，2004；付文林，2007）。

三、人口流动与农民公共品需求及有效供给

改革开放以来，随着城镇化、工业化进程的不断加快，以农业人口为主体的流动人口规模不断扩大，截至2017年末，我国流动人口规模高达2.44亿，全国外出农民工规模达到1.72亿人，约占全国城镇就业人员的40.5%，[③]

① 史桂芬，王佳．人口流动对地方医疗卫生支出影响的实证分析——基于空间面板模型［J］．东北师大学报（哲学社会科学版），2017（5）：25-30.

② 廖安勇，史桂芬．地方财政支出对产业结构优化升级影响的实证研究——以吉林省为例［J］．黑龙江社会科学，2018（3）：61-66.

③ 《中国流动人口发展报告2018》。

2020年，流动人口规模将达2.91亿人，其中农业流动人口约为2.2亿人，占总流动人口75.60%。[①] 在大规模的人口流动背景下，流动农民及留守农民对公共品的需求与地方政府公共品的供给是否匹配，即地方政府公共品供给是否有效是近年来学者关注的重点，本部分将对流动农民、留守农民的公共品需求及供给的研究现状进行综述。

（一）流动农民的公共品需求与有效供给

1. 流动农民的公共品需求

近年来，随着我国流动人口家庭化迁移（周皓，2004；洪小良，2007；盛亦男，2013；吴帆，2016），流动人口在城市中停留的时间越来越长，长期居留的概率越来越高（任远，2006；张翼等，2012），这使得流动人口对医疗、教育、住房及社会保障等方面公共品提出更高要求（李荣时，1996；侯佳伟，2009；陈景云等，2013）。城市流动人口可分为非农业流动人口及农业流动人口，后者被称为农民工，是流动人口的主体（尹德挺等，2008）。农民工是城市中的“边缘人”（蔡志海，2004；陈旭峰等，2010），由于农民工受教育程度普遍偏低，公共服务与公共政策参与意识弱，因此他们不能真实表达自己的需求，存在严重信息不对称问题（李月如，2015），同时农民工已经出现代际变化，他们在流动动机和社会特征上均存在很大差别（王春光，2001；王世官等，2013）。因此，国内外学者多集中于研究农民工教育、社会保障、公共卫生等公共品的需求问题。

第一，农民工教育可分为自身教育与子女义务教育。在农民工自身教育方面，学者通过问卷与访谈的方式发现，由于新生代农民工受教育程度比上一代农民工有显著提高，他们为改善生活水平提高工资待遇，对实用性强的职业技能教育具有强烈的潜在需求，但潜在的教育需求很难转化为现实的教育需求（刘维俭等，2010；韩华，2011；黄君录等，2011；汪传艳，2012），究其原因，主要受户籍制度（王慧林，2012）、政府宣传不到位（龚俊朋，2011；邓玲娟等，

① 《中国流动人口发展报告2016》。

2011)、培训内容单一落后、农民工支付能力有限（闫伟，2008；安雅丽、杨淑娥，2012)、农民工自卑心理（王宁，2011）等因素的影响。在农民工子女教育方面，新生代农民工清楚地认识到子女教育未来的收益，因此非常重视子女教育（陈霞等，2012)，进而对公办教育与优质教育有强烈的需求（雷万鹏，2013)。

第二，农民工具有很强的流动性，与传统就业者对社会保障方面的需求存在较大差异性（樊晓燕，2010；王志刚等，2013)。新生代农民工对社会保障需求比老一代农民工更强烈（董延芳等，2008；王宗萍等，2010；严新明等，2011)，但实际上农民工并没有被基本社会保障制度覆盖（何平、华迎放，2008；朱妍等，2013)，农民工参保率低（汤兆云，2016；李红勋，2016)，并不是因为农民工缺乏自我保护的意识，而是因为现行的社会保险不适应农民工的特点，无法满足农民工的需求（孙翠芬，2008)。

第三，随着农民工规模的扩大，其对医疗服务的需求也不断增加（徐寒冰，2008)。究其原因，一方面，大部分农民工为节约生活成本便居住在工棚、出租屋等环境比较恶劣的临时居所（翟振武等，2010；王桂新等，2011；董昕，2013)，且与城市居民处于隔离状态（魏立华等，2005；杨绪松等，2006；梁波等，2010；张婷等，2015)，严重影响农民工的身体健康状况（牛建林等，2011；聂伟等，2013；易龙飞等，2015)；另一方面，农民工受自身受教育程度、技术水平等影响，多从事收入低、环境差、时间长的工作，进一步影响农民工的身体健康状况（蒋长流，2006；白南生等，2008；陆文聪等，2009；刘林平等，2011；姜明伦等，2015)。综上所述，地方政府应重视流动农民的公共品需求，积极采取措施消除他们同城市居民间的不平等差距，推进和谐社会的构建（吴理财，2006)。

2. 流动农民的公共品有效供给

流动人口公共品的供给过程中既缺乏清晰的责任划分，又没有相应的财力保障。一方面，户籍制度的约束抑制了流动人口迁移的稳定性与完整性[①]，使得地

① 刘欢．户籍管制、基本公共服务供给与城市化——基于城市特征与流动人口监测数据的经验分析［J］．经济理论与经济管理，2019（8）：60－74.

方政府可以利用户籍制度轻松规避支出责任（王丽娟，2010），加剧地方公共品的供求失衡问题（夏纪军，2004；徐增阳等，2010；吴华安等，2011；付文林，2012）；另一方面，中国现行财政体制是以人口不流动为前提（刘尚希，2012），目前，公共品往往依据十多年前对现在的人口规划来供给，存在严重的供需不匹配问题（陆铭，2016）。其中，农民工教育、社会保障、公共卫生等方面的公共品供给问题引起国内学者的广泛关注。

第一，农民工教育可分为自身教育及子女教育。首先，农民工自身教育供给方面主要表现为政府、企业对农民工职业培训经费供给不足（宋丽智等，2005；孙细望，2006；黄晓梅，2009；杨波，2014），同城市职工相比，仅有2.65%的农民工免费享受到政府提供的职业培训（王春光，2010），而对农民工进行职业培训一方面体现了“以人为本”的观念（陆璐珂，2013），另一方面帮助农民工更好的择业、就业（李玉龙，2013）、增强社会融入感（钱莹，2012）。因此，学者建议政府应加强农民工培训的力度（田松青，2010；李军刚等，2012），通过与城市职业教育机构合作的方式（张力跃等，2008），形成“政府+市场”（刘冰等，2008；王竹林等，2013）或“政府+企业+职业院校+培训组织+农民工”（袁庆林等，2012）的农民工培训模式。其次，农民工子女义务教育属于全国准公共品（袁连生，2010），应由国家和省级政府共同提供（范先佐，2007），但由于户籍制度的限制（严辉，2010）及政府相关部门在处理农民工子女教育问题上态度消极且存在监管缺位等问题（张旺等，2006），农民工子女教育不公平问题突出（刘潇潇，2006；朱海波，2009；张杰等，2009；陈丰，2013），农民工子女城市认同感低（谢建社等，2011）。因此，地方政府应积极给予政策支持（刘善槐等，2014），从学校、家庭、社会等方面入手，给农民工子女提供良好的受教育环境（胡恒钊等，2015）。

第二，关于农民工社会保障的研究多集中于社会保障制度方面，研究发现，农民工社会保障立法的缺失（刘俊，2007；赵蓉，2005）、农民工社会保障制度自身设计缺陷（彭宅文等，2005）、相关配套制度的滞后（葛笑如等，2007）等是造成农民工社会保障建设滞后的主要原因。基于此，学者们针对建立健全农民工社会保障制度发表了不同观点：一是针对长期在城镇就业的农民工来说，应把其纳入城镇社会保障体系（张启春，2003；周毕芬等，2004；曾煜，2010；韩俊强等，2012）；二是认为应将农民工纳入农村社会保障体系，针对不同类型农民工建立多层次的农民工社会保障体系（杨立雄，2004；蓝春娣等，2004）；三是认为将农民工纳入城镇社会保障体系的时机还未成熟，而将农民工纳入农村社会保障体系缺乏财政支撑，因此建议建立农民工社会保障体系（李迎生，2003；华迎放，2005；郭家虎，2008）。学者们认为，建立健全农民工社会保障制度，可以更好地维护农民工的权益，促进社会和谐稳定（董理，2001；王和、皮立波，2004；王涛等，2005；李红浪，2013）。

（二）留守农民的公共品需求与有效供给

在公共产品概念的基础上，国内学者对农村公共品的界定并不统一，其中较有代表性的有两个：一是“农村地区农业、农村或者农民生产、生活共同所需的具有一定的非排他性和非竞争性的产品和服务”（徐小青，2002）；二是“从需求角度来看，农村公共产品主要是指那些对维持和提高农民的农业生产和生活水平具有重要意义，但是单靠农民个体和家庭力量又无力提供，或者即使可以提供也因非排他性而缺乏动力来提供的产品”（匡远配等，2005）。农业流动人口规模的逐渐扩大有利于转移农村剩余劳动力，解决农民就业问题，同时流动农民可以将先进的技术经验及资金带回农村，提高留守农民的消费水平，进而缩小城乡差距，促进人口的城市化（杨子慧等，1996；许保利，2002；王美琴，2005；胡枫，2007；张鹏等，2010；李俊霞，2014）。另外，农村人口的迁移会使农产品产量下降，加剧农村的贫困程度（杨靳，2006）、扩大城乡差距，加剧农村“空心化”问题（徐勇，2000；廖淑华等，2004；周靖祥，2010；王伟勤，2014；苏芳等，2016）。因此，在人口流动背景下留守农民的公共品需求及供给情况也是学者研究的重点。

1. 留守农民的公共品需求

农民公共品需求表达，主要指农民对公共品的需求数量、结构及生产方式等信息显示的过程。我国留守农民对公共品需求偏好的显示是非理性、非全面的（郭泽保，2004；傅广宛等，2015），且在现有的决策机制下没有表达自己需求偏好的机会与权利（吴士健等，2002），对需要的公共品不去争取，对不需要的公共品默默接受（任勤，2007）。同时，我国农村村级公共品“自上而下”的供给模式常常忽略农民对公共品的实际需求（洪源，2004；谷洪波等，2005；刘宏凯等，2010），既浪费国家财政资源，又损害农民切身利益，影响国家经济持续健康发展（匡远配，2005）。随着农村经济的不断发展，农民对农村公共品的需求越来越强烈（冯胜花，2006；兰晓红等，2007；董明涛等，2010），国内学者多采用实地调研法对我国农村公共品需求偏好现状进行分析。

李义波（2004）通过问卷调查法发现，农村居民对基本性公共品的需求偏好更高，具体包括社会治安、交通道路与维修、基础性教育等公共品。陈俊红等（2006）采用DIY式抽样调查法对北京新农村农民的农村公共品的需求进行调查，结果显示，农民最关心的公共品是农村社会保障，其次是农村医疗保健、农村公路、农田水利、农业技术、农民终身教育等公共品。刘义强（2006）基于一项全国农民公共品需求的调查发现，农民对公共品的需求普遍得不到满足、对现有供给状况评价不高、对公共品有强烈的需求。孔祥智等（2006）以福建省永安市为例，对农民的公共品需求及供给主体进行调查，结果发现农户最重要的公共品排序为：农田水利建设、饮用水的改善、医疗保障及农村医疗卫生条件、养老及社会救济，同时农民最需政府投资的公共品与之相同。樊丽明等（2008）最早提出了农村公共品需求的“层次性”，并通过对3省245个农户的入户调查发现，农民最需要的公共品为农村卫生医疗、农田基础设施，且其需求特点表现为“硬品优先于软品、物质需求优先于精神需求、现实优于长远、切身利益重于宏观环境”。张士云等（2009）通过问卷调查发现安徽省农民对农村公共品投资需求的排序为农村道路、农田水利、技术服务和培训、村庄改造、搞好村建设规划、幼儿园及小学建设、合作医疗及统筹养老保险等，并认为农村公共品供给的顺序是由需求决定的。睢党臣（2010）通过对农村居民的需求意愿、消费支出构成、边际消费倾向和需求收入弹性等方面的研究发现，农民对公共品需求的优先顺序为：医疗卫生、基础教育、基础设施。农民对农村公共品的需求是一个不断变化的动态过程，在这过程中农民的需求表达尤为重要（刘银国，2008），对于解决我国村级公共品问题具有重大意义（郭平等，2004）。

关于构建农村公共品需求表达机制，学者们提出以下几种观点。一是将农村公共品需求表达机制划分为五个阶段，分别是个体偏好表达阶段、整体偏好整合阶段、实现供给阶段、绩效管理阶段和信息反馈阶段（黄洪，2010）。二是可以让乡、村、社三级群众通过投票的方式选择自己最需要的公共品（李汉文等，2005）。三是建立以村委会为主体的组织化表达机制，在村民自治的法律框架下，村委会可以汇总农民对于公共品的需求偏好（刘卫等，2008）。四是对现行的“一事一议”制度进行改革，构建多元农村公共品需求表达路径（李燕凌，2007），首先，村委会依据政府给予的选择空间及村民的选择，对筹资项目进行论证及预算；其次，成立“一事一议”领导小组，将预算总额划分为等额认购份数，一份即为一票，并组织村民认购；最后，召开村民大会，由全体村民或代表对备选方案连续投票，最终获得通过的方案则包含了不同村民的“集体偏好”或“公共偏好”（刘银国，2008）。五是农村公共品需求表达机制应摆脱单一的村级组织，构建尊重农民个体权利的组织化表达机制，即农民可以通过农业协会等组织来充分表达自己的需求（王蔚等，2011）。六是利用维克赛尔—林达尔均衡模型和蒂伯特模型构建农村公共品需求表达机制（郭平等，2004）。

2. 留守农民的公共品有效供给

农村公共品的基础性、收益外溢性的特征，决定了农村公共品主要由政府供给（龚放波，2004），但目前呈多元供给趋势（卢芳霞，2011）。农民是农村公共品供给的重要元素，影响其参与公共品供给的因素如下：首先，农村规模越大，农民参与农村公共品的积极性越低，农村密度越大，农民参与农村公共品的积极性越高（卫龙宝等，2011）；其次，社会信任及关系网络可以促进农民以投劳的方式参与农村公共品供给（蔡起华等，2015）；最后，农民的收入情况、家庭成员身体健康情况等会影响农民参与农村公共品供给的意愿（钱文荣等，2014）。

农村公共品的供给有利于减轻农民负担（赵丙奇，2002；蒋满霖，2003；贺大兴，2012），有利于提高农民收入（张雪绸，2005；姜竹等，2008；齐振宏等，2010；曲延春，2012；霍忻，2016），反之则抑制农民收入增加（史金善，2002；王国华，2004；苏晓艳等，2004），或有利于拉动农村市场消费，从而促进经济增长（黎东升等，2009；曲延春，2012；贺林波等，2014；滕明雨等，2015）、缩小城乡差距（蔡金阳，2006；余长林，2011；张晗等，2012）。但受政府的非农偏好及财力有限（周立新等，2002）、城乡二元经济结构（林万龙，2005；胡兴禹，2004；嘉蓉梅等，2004）、农村公共管理机制不健全（黄志冲，2000）、供给责任划分不清、供给主体错位（张琳，2007）等因素的影响，农民公共品供给现状仍存在以下几个问题：一是农村公共品供给总量明显不足（李燕凌，2004；马晓河等，2005；张雪绸，2009；徐鲲等，2010；杨云帆等，2015），主要表现为农业基础设施、义务教育（王磊等，2007）、农村基础设施（王广起等，2006；刘成奎等，2011；周慧，2013；詹慧龙等，2015）、农产品供求市场信息、农村生活垃圾及污水处理（罗万纯，2014）等公共品的投入不足；二是农村公共品供给结构失衡，具体表现为重硬轻软、重准轻纯（陈永新，2005）、生产性公共品供给不足、非生产性公共品供给过剩（李华，2005）等；三是城乡公共品供给不平衡及地区间不平衡（岳军，2004；林涛等，2007；徐丹丹等，2009；王士海等，2009；彭尚平等，2012）；四是农村公共品供给偏离农民实际需求，进而导致公共品供需失衡问题（陈强、黄薇，2005；刘宏凯等，2010；王奎泉等，2014），同时农村公共品供给不能很好地维护农民的切身利益，供给成本分摊和受益有失公平（熊巍，2002），农民对已有的公共品评价不高（刘义强，2006；方凯等，2012）。

叶兴庆（1997）是国内较早研究农村公共品供求匹配问题的学者，他认为应改变现行农村公共品“自上而下”的供给模式，进而实现由农民需求决定农村公共品供给的目标，即农村公共品的有效供给（刘义强，2006；诸培新等，2007）。农村公共品的有效供给不能依靠村民自治制度（黎炳盛，2001），最重要的是构建以需求为导向性的农村公共品供给机制（郭泽保，2005；刘义强，

2006；金晓伟，2007；张勤，2007；吴开松等，2011）。刘宏凯、解西伟（2010）认为，构建农民需求导向型公共品供给决策机制，应建立农村公共品需求表达机制、加强农村义务教育和职业技术教育、明确政府在农村公共品供给与决策中的主体地位、引导农民积极参与农村公共品供给。王奎泉等（2011）认为，通过税收优惠、财政奖补等措施诱导农民积极参与农村公共品供给的政府诱导式供给模式可以弥补效率损失。郝杰（2013）提出农村公共品的双层治理模式，即体制内责任分工及体制外责任分工，实现了对农村公共品的有效治理。同时，在财政能力有限、投入资金不足的情况下，给予与农村公共服务设施建设相关的企业政策补贴，提供农村公共服务水平，优化留守农民的硬件环境，有助于促进城乡公共服务均等化①。建立和完善农村公共品的多元供给机制有利于提高农村公共品的供给效率（王金国，2012；杨剑等，2014）。

四、文献述评

通过对国内外人口流动研究现状进行梳理，本书发现人口流动对家庭、行业以及政府行为等均具有显著作用。其中，关于人口流动对政府行为的影响的研究表明，人口流动会影响地方政府的支出规模以及公共品供给水平。通过对公共品供给与需求的相关文献进行梳理，本书发现居民对公共品的需求层次取决于人类的不同发展阶段，并且公共品价格、居民收入、公共品供给现状以及公共品与私人品的替代效应等均会影响居民对公共品的需求程度。居民对公共品需求可以通过“用足投票”以及“用手投票”来体现。通过总结公共品有效供给方面的研究，本书发现人口是影响公共品供给的重要因素。

在中国独特的城乡二元结构体系下，随着城镇化的不断加快，农业人口向城市大量流动，流动农民、留守农民对公共品需求及地方公共品有效供给问题逐渐成为中国学者关注的研究课题。农民工对自身与子女的教育、社会保障、医疗保障、基础交通运输等公共服务的需求以及地方政府有效供给问题都成为值得深入

① 史桂芬，刘欢，陈昕．以财税政策助推农民工返乡创业［J］．税务研究，2015（10）：120－121.

探讨的话题。同样，对于留守农民的地方公共品需求及有效供给问题也应引起重视。

中国学者对于人口流动与公共品相关问题的研究起步较晚，且多针对农村或流动农民的某项公共品供给展开，而未将人口流动因素纳入分析框架。首先，对于中国这样一个处于农村人口大规模流动及户籍改革进行中的国家来说，对农村人口流动因素的忽视，极有可能导致估计系数及研究结论的偏差。其次，人口流动对不同地区公共品需求和供给产生不同影响：一方面，人口流入规模大的地区，对公共品的需求增多，但是由于户籍制度限制等因素，会促使公共品供给出现空间不匹配；另一方面，人口流动会通过影响公共品消费竞争程度来影响居民实际消费公共品的数量。综上所述，人口流动是影响农民公共品的供给与有效需求不可忽略的因素，该问题的研究具有理论价值与现实意义。基于此，本书将建立一个包含人口流动因素的公共品供需分析框架，以期较全面合理地对人口流动背景下的农民公共品需求和有效供给进行分析。

第四章　人口流动背景下农民公共品供需的现状分析

本章首先从总体上分析我国人口流动的现状，归纳总结我国人口流动的规模、分布与特征，并落脚于中国农村人口流动的现状；其次根据农民在交通通信、文教娱乐及服务、医疗保健等方面的实际消费支出，考察农民真实消费需求，再根据政府的农业支出，分析我国农村公共品及我国流动人口的供给现状；最后分析我国人口流动背景下农村公共品供需之间存在的问题及原因。

一、我国人口流动现状分析

（一）我国人口流动规模、分布及特征

1. 流动人口规模先增后减

改革开放以来，我国人口流动政策经历了逐步放开、公平理念的提出及贯彻、全面推进市民化三个阶段。我国流动人口规模在经历长期快速增长后开始进入调整期，且呈现出从经济欠发达地区向经济发达地区流动的特征。

随着新型城镇化的发展与经济发展方式的改变，我国流动人口规模在2010～2017年呈现出先增后降的趋势。如图4－1所示，我国流动人口规模从2010年的2.21亿人上升到2014年的2.53亿人，随后三年，我国流动人口规模连续下降，共计下降了0.09亿。究其原因，一方面是受我国特有户籍制度的约束，流入人口在廉租房、基本社会保障、义务教育等方面难以得到公平的对待，导致返乡人口增

多；另一方面是我国精准扶贫相关政策的不断出台大力扶持了欠发达地区，增多了就业机会、完善了基础设施，进而使得返乡人口增多。

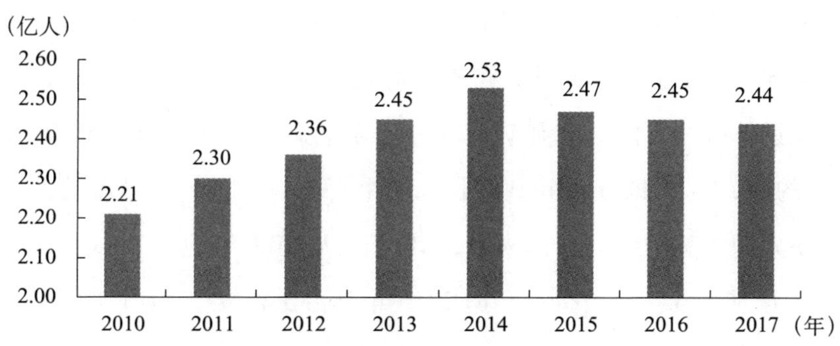

图 4－1　2010～2017 年流动人口规模

资料来源：《中国统计年鉴》（2018 年）。

图 4－2 表示 2017 年我国 31 个省份流动人口规模情况。流动人口规模用常住人口与户籍人口的差值来衡量，指标为正代表人口流入地，指标为负代表人口流出地。由图 4－2 可知，北京市、天津市、上海市、浙江省、广东省是我国人口流入较大的省份，安徽省、江西省、河南省、广西壮族自治区、重庆市、四川省、贵州省是我国人口流出较大的省份。这表明人口流动的趋势和规模与地区经济发展水平密切相关，也说明经济因素是推动人口流动的主要因素之一。

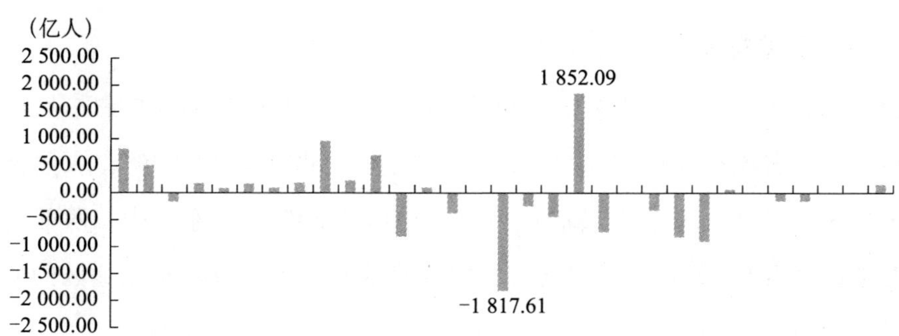

图 4－2　2017 年我国 31 个省份流动人口规模

资料来源：《中国人口和就业统计年鉴》（2018 年）。

2. 跨省流动比例下降，省内跨市比例上升

如图4－3所示，2011～2016年，我国人口流动仍然是以跨省流动为主，但跨省流动人口占比逐年下降，由2011年的69.6%降到2016年的63.5%，即6年间共下降了6.1个百分点。此外，跨省流动人口主要来自中西部大省，集中流入东部经济发达地区。省内跨市流动人口占比逐年增加，由2011年的24.8%增加到2016年的27.3%，即6年间共增长2.5个百分点。市内跨县流动人口比例最小，且呈现先增后降趋势。具体来看，其占比从2011年的5.7%增加到2015年的10.4%，增加了4.7个百分点，但2016年其占比相较于2015年下降了1.2个百分点，下降为9.2%。

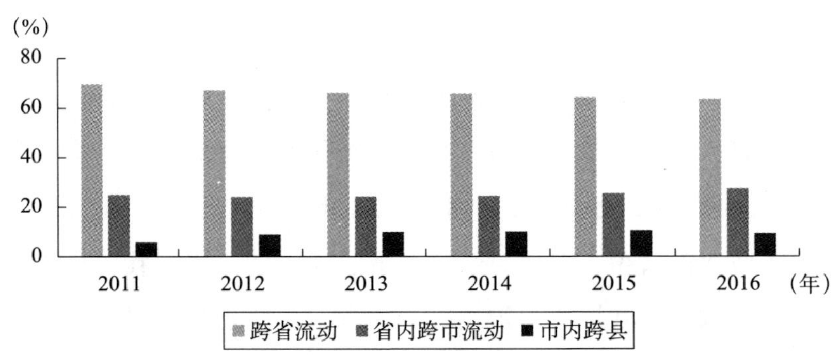

图4－3　2011～2016年流动人口流动范围

资料来源：《中国流动人口发展报告》（2017年）。

3. 人口流动特征

（1）流动人口以农民工为主。如图4－4所示，我国流动人口户口性质以农业户口为主，占流动人口的83.59%，非农业户口占比为14.99%，农业转居民户口占比为1.22%，非农业转居民户口占比为0.20%。分东、中、西部地区以及东北地区来看[①]，分布情况和全国平均情况基本一致，仅有东北地区的非农业

① 我国东部地区包括北京、天津、河北、上海、江苏、浙江、福建、山东、广东、海南10个省份；中部地区包括山西、安徽、江西、河南、湖北、湖南6个省；西部地区包括重庆、四川、贵州、云南、西藏、陕西、甘肃、青海、宁夏、新疆、内蒙古、广西12个省份；东北地区包括辽宁、吉林、黑龙江3个省份。

户口占比明显高于全国平均水平和其他地区，为24.54%，说明农民工群体是流动人口的重要组成部分，即流动人口中超过八成的人口均是拥有农业户口的农民工。

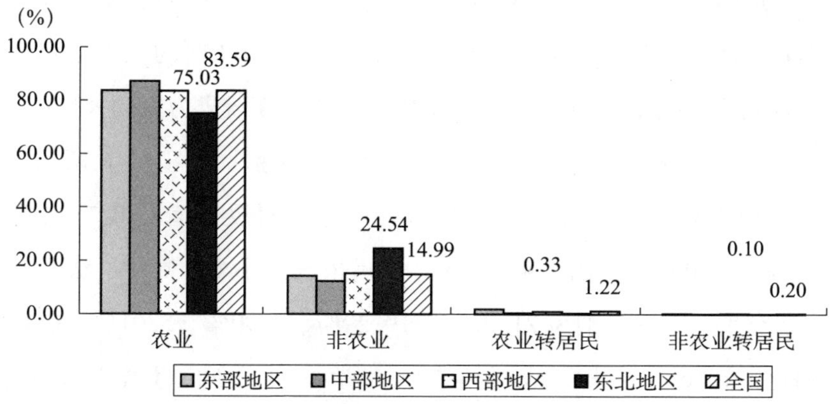

图4-4　2016年我国流动人口户口性质情况

资料来源：《中国流动人口发展报告》(2017年)。

(2) 流动人口以男性为主，女性流动人口比重上升。2011~2016年，我国男性流动人口占比总体呈现下降趋势，从2011年的52.3%下降到2016年的51.7%，下降了0.6个百分点。男性流动人口占比仍在50%以上，由此可见，流动人口仍以男性为主。女性则从2011年的47.7%增加到2016年的48.3%，其与男性人口占比差距逐渐缩小，即男女流动人口比逐渐趋于平衡（见图4-5）。

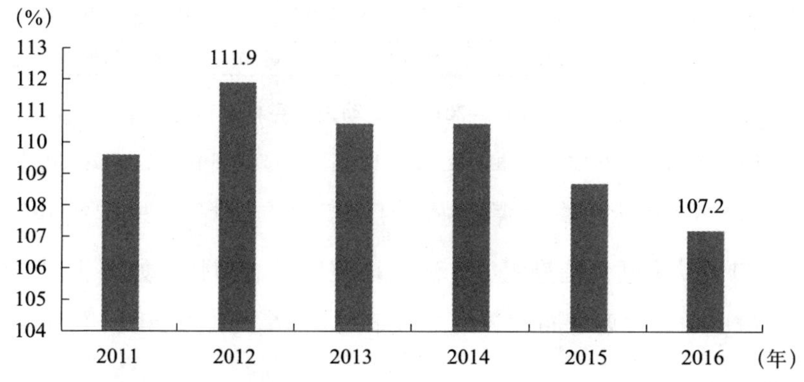

图4-5　2011~2016年流动人口男女性别比

资料来源：《中国流动人口发展报告》(2017年)。

（3）流动人口平均年龄不断上升，老龄人口与新生代人口①占比不断增加。2011～2016年流动人口平均年龄逐年递增，由2011年的27.3岁增至2016年的29.8岁，增加了2.5岁。与此同时，60岁及以上流动人口占比则从2011年的0.5%增加到2016年的2.8%，增加了2.3个百分点，这表明流动人口也凸显出老龄化趋势。此外，新生代流动人口占劳动年龄流动人口②的比例逐年增加，于2016年增加到56.5%，由此可见，新生代流动人口逐渐成为流动人口的主力。

（4）流动人口受教育程度有所提高，以初中为主。如图4－6所示，2011～2016年，流动人口受教育程度主要集中在初中，且受教育程度有所提高。以2016年为例，初中学历占比是43.51%，其后依次是小学、高中、大学专科、大学本科、研究生，占比分别为21.02%、19.29%、7.90%、5.01%、0.45%。与2011年相比，2016年小学、大学专科、大学本科、研究生学历分别增加了6.35%、2.61%、2.64%、0.28%，初中与高中学历则降低了11.51%、1.36%。由此可见，流动人口受教育程度有高学历倾向。

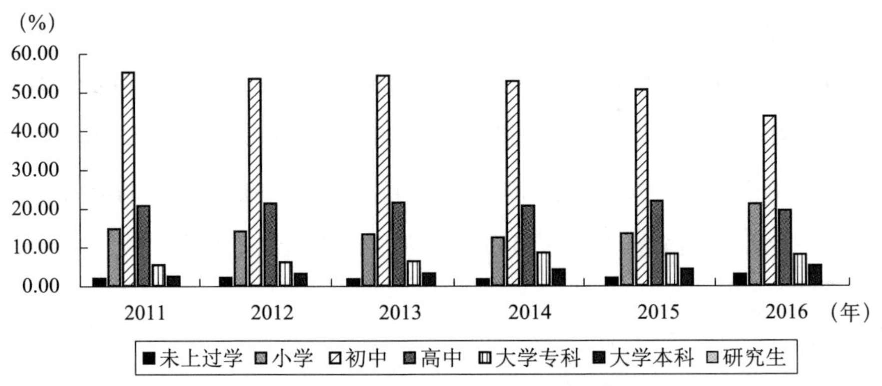

图4－6　2011～2016年流动人口受教育程度

注：流动人口中研究生学历人口数量相对较少，占比较低，因此，图中未能显示其占比情况。

资料来源：国家科技基础条件平台——国家地球系统科学数据共享服务平台（http：//www.geodata.cn）。

（5）人口流动家庭化趋势明显，流入地定居意愿加强。如图4－7所示，我国流动人口家庭数量主要分布在3人及以下与4～6人，以2016年为例，3人及

① 新生代流动人口指1980年及以后出生的流动人口。

② 劳动年龄流动人口指年龄处于16～59岁的流动人口。

以下的家庭、4～6 人的家庭占比分别为 60.55%、38.99%。此外，2011～2016 年，3 人及以下的家庭占比有所下降，而 4～6 人的家庭占比有所增加。这可以在一定程度上反映我国人口流动家庭化特征加强。

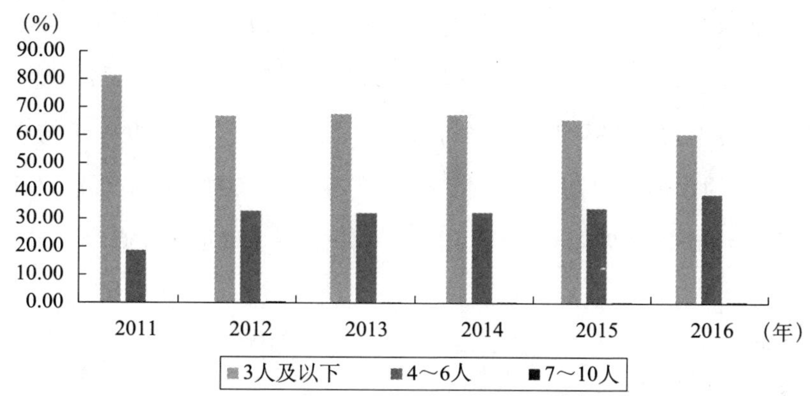

图 4－7　2011～2016 年流动人口家庭成员数量

注：在流动人口家庭中，家庭成员数量为 7～10 人的情况较少，占比较低，因此，图中未能体现其占比情况。

资料来源：国家科技基础条件平台——国家地球系统科学数据共享服务平台（http：//www.geodata.cn）。

如图 4－8 所示，从长期居住意愿来看，57.34% 的流动人口打算在现居住地长期居住，12.72% 的流动人口是不愿意长期居住，29.94% 则是未想好，由此可见，流动人口定居意愿较强。分地区来看，据 2015 年国家卫生计生委流动人口动态监测调查统计可得，流动人口在东部地区居住意愿最强，高达 41.98%，其后依次是西部地区、中部地区、东北地区，愿意居住的占比依次为 32.88%、16.93% 和 8.21%。

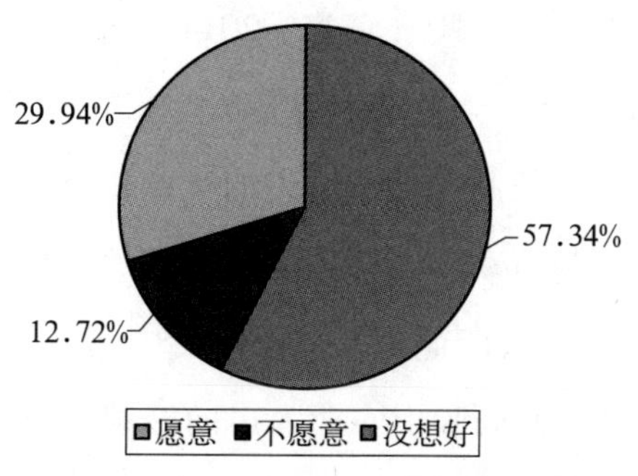

图 4－8　2015 年流动人口长期居住意愿

资料来源：国家科技基础条件平台——国家地球系统科学数据共享服务平台（http：//www.geodata.cn）。

（二）我国农民流动的发展阶段、分布及特征

1. 农民流动的发展阶段

改革开放以来，受我国经济体制变迁和人口流动政策演变的影响，我国农民人口流动不断增加，如图4－9所示，1978～1995年，我国乡村人口数呈稳定上升趋势，但上升幅度不大，1995年后，乡村人口数不断减少，且由1995年的8.59亿人下降到2018年的5.64亿人。此外，乡村人口占总人口的比例呈现波动下降的趋势，由1978年的82.08%降至2018年的40.42%，下降了41.66个百分点。

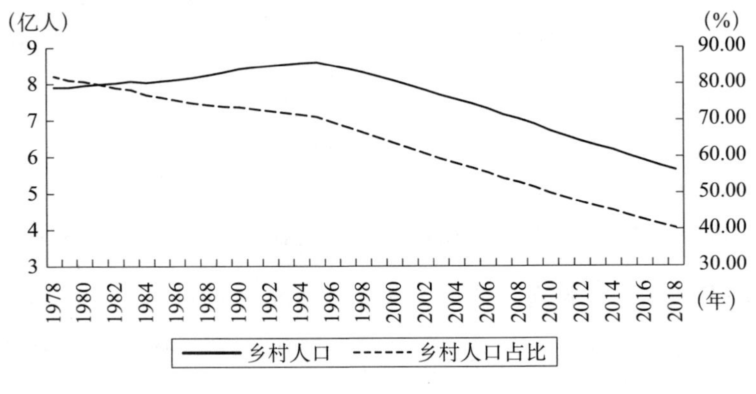

图4－9　乡村人口数变化情况

资料来源：国家统计局网站。

改革开放以来，我国不断调整人口流动的政策。从整体上来看，有关农民流动的政策呈现出由内到外、从紧到松、由无序到规范、从歧视到公平逐步放开的特征，具体可以分为如下五个阶段（黄容，2014）。

（1）农民区域内流动阶段（20世纪70年代末至80年代中期）。20世纪70年代，农村家庭联产承包责任制调动了农民的生产积极性，农村经济发展取得了很大进步，但在人口膨胀与劳动生产率提高等因素的作用下，农村产生了大量的剩余劳动力。与此同时，非农产业活动的高报酬吸引农村劳动力转移。农村的“推力”与城镇的“拉力”共同吸引农业人口向城镇转移。但这一时期，国家在政策上严格限制农民向城市流动。例如，1981年中共中央、国务院下发的《关于严格控制劳动力进城做工和农业人口转为非农业人口的通知》对城市用工单位

雇佣农民提出了三方面要求①，鼓励农业人口就地就业，严格限制其向城镇流动。因此，总体来看，这一时期的农民流动主要是农村内部不同部门间的流动，主要体现在两个方面：一是农民从种植业向林牧渔业流动；二是在农村内部向以乡镇企业为主要载体的非农产业流动。虽然农民主要在农村内部流动，且规模比较小，但这一阶段是我国农民流动的启动阶段。

（2）农民跨区域流动阶段（20 世纪 80 年代中期至 90 年代初）。20 世纪 80 年代后期，我国开始全面推进城市经济体制改革，城市建设的飞速发展、城市工业化的推进以及服务业的兴起对劳动力的需求逐渐增加，这为农村剩余劳动力的转移提供了空间。同时，城乡居民收入水平差距不断扩大为农民的转移提供了动力。此外，我国农业产值的高速增长也为农民进城就业提供了保障。因此，我国农民开始逐渐由农村地区向城市跨地区流动。据估计，改革之初，全国流动就业的农民人口不超过 200 万人，人口流动规模比较小，且农民人口较早流入和流出的地区都主要集中在沿海发达地区，如浙江、广东等省份②，到 20 世纪 90 年代初期，农民流向除了东南沿海地区外，也开始向大陆其他发达地区流动。因此，总的来看，20 世纪 80～90 年代，人民公社解体和农产品统购统销制度改革③消除了部分有关农民自由流动的体制性障碍。同时，政府开始放松人口管制，允许农民进城经商，自理口粮到集镇落户，这些拉开了转型时期人口大规模流动的序幕。

（3）农民快速流动阶段（20 世纪 90 年代初至 2000 年）。20 世纪 90 年代以来，我国农民流动进入一个高潮期。1992 年邓小平南方谈话后，非国有企业快速发展，这为我国农民流动提供空间与动力。此外，国家出台各项政策措施④，

---

① 1981 年，国务院下发《关于严格控制劳动力进城做工和农业人口转为非农业人口的通知》，针对城市用工单位使用农民人口的有关问题，提出了三方面具体要求：一是要求严格控制从农村招工；二是要求认真清理企业、事业单位使用的农业人口；三是要求加强户口和粮食管理。

② 赵树凯．中国农村劳动力流动与城市就业［J］．当代亚太，1998（7）：11－16.

③ 1985 年 1 月，国务院颁布《关于进一步活跃农村经济十项政策》，用合同订购政策代替统购政策。

④ 1991 年，劳动部、农业部、国务院发展研究中心等单位决定联合建立中国农民人口开发就业试点项目；1993 年，劳动部发出《关于印发〈再就业工程〉和〈农村劳动力跨地区流动有序化——“城乡协调就业计划”第一期工程〉的通知》，提出要在全国形成与市场经济相适应的劳动力跨地区流动的基本制度，使农民人口流动规模较大的主要输入、输出地区实现农民人口流动的有序化。

力求引导农民有序跨地区流动。据统计，仅1992年流入城市的农村人口高达3 500万人，1993年外出的人口更多达5 000万~6 000万人[①]，后来因城镇劳动力失业率增加、城市生活成本上升及城乡收入差距相对缩小等因素，农民流动速度有所下降，但农民外出就业的意愿仍比较强烈。在这一阶段，农民流动呈现由农村向城市流动为主且地区内部流动也有所增加的特征。由此可知，国家在推进农村人口流动、农民就业开发、引导农民跨地区有序流动以及实现城乡劳动力统筹管理等方面做出了重要突破。

（4）劳动力公平流动阶段（2001年至今）。随着我国农民人口流动不断加强，政府对其认识也程度不断加深，2000年以后，国家关于农民人口流向城市的政策发生了一系列积极的变化，我国农民人口逐渐进入公平流动阶段。首先，政府把改革城乡分割体制、取消对农民进城就业的不合理限制、为进城务工农民提供配套服务等内容放在重要位置，例如"十二五"规划改革部分城市现有的城乡分割就业制度等[②]。其次，户籍制度改革的突破性进展以及新型城镇化的提出，为农民人口进城就业创造了条件，不仅小城镇户籍制度改革得到全面推进，一些大中城市的户籍政策也被大幅度调整[③]。最后，政府加大农民工技能培训力度[④]，这样可以扩大农民工就业，维护农民工基本劳动权益，提高农民工技能素质，同时，促进农民工融入企业、子女融入学校、家庭融入社区、群体融入社会。此外，党的十八大报告提出"加快改革户籍制度，有序推进农业转移人口市

---

① 韩俊. 加速农村人口城镇化进程，改革现有户籍制度势在必行［J］. 中国市场，1994（8）：19.

② "十二五"规划要求改革现有的城乡分割就业制度，取消各地区针对农民和外地人口制定的限制性就业政策；要求高度重视为迁入人口提供创业、就业、生活等方面的条件，积极开展面向城镇迁入人口的各类社会服务，致力于加快进城农民与城市社会的融合。

③ 2014年3月，中共中央、国务院印发的《国家新型城镇化规划（2014－2020年）》指出，应以合法稳定就业和合法稳定住所（含租赁）等为前置条件，全面放开建制镇和小城市落户限制，有序放开城区人口50万~100万人的城市落户限制，合理放开城区人口100万~300万人的大城市落户限制，合理确定城区人口300万~500万人的大城市落户条件，严格控制城区人口500万人以上的特大城市人口规模。另外，大中城市可设置参加城镇社会保险年限的要求，但最高年限不得超过5年。特大城市可采取积分制等方式设置阶梯式落户通道调控落户规模和节奏。随后国务院印发《关于进一步做好为农民工服务工作的意见》和《关于进一步推进户籍制度改革的意见》以解决流动人口问题，让流动人口的获得感、幸福感日益增强。

④ 从2004年起，相关部门共同组织实施了农民人口流动培训阳光工程。2006年，在全国范围内又启动了"农民人口技能就业计划"项目。截至2007年3月，中央和地方政府共投入资金21.4亿元，对全国860万名农民工进行了全面的培训。2014年3月，人社部宣布开展农民工就业技能培训，每年培训一千万人。

民化，努力实现城镇基本公共服务常住人口全覆盖”。党的十九大报告则进一步强调破除阻碍人口流动的壁垒，促进市民化的发展，特别要求“破除妨碍劳动力、人才社会性流动的体制机制弊端，使人人都有通过辛勤劳动实现自身发展的机会”。由此可看出，在这一阶段，政府正逐步放宽农民流动的限制，且流动逐渐进入公平时期。

2. 农民流动的规模及分布

我国农民人口流动的地域和流向特征主要是：由中西部地区向东部沿海地区流动，由不发达的乡村地区向发达的城市流动。根据我国劳动和社会保障部调查数据，我国农民人口流出地主要是中部地区和西部地区的大部分省份，流入地主要是以长三角和珠三角等地为代表的东部沿海地区。

（1）农民工的规模逐年扩大，但增速减缓。如图 4-10 所示，2009 ~ 2017 年，农民流动人口数量不断增加，而增速波动较大，呈先上升后不断下降随后又逐渐上升的趋势。2009 ~ 2010 年，农民工规模呈飞跃式增长，2010 ~ 2017 年，呈稳定性上升趋势，2017 年，农民工总量达到 28652 万人。从农民工增速来看，2009 年增速为 1.9%，2010 年迅速增长至 5.4%，2011 ~ 2015 年增速则呈波动式下降趋势，2015 年之后增速又逐渐回升。

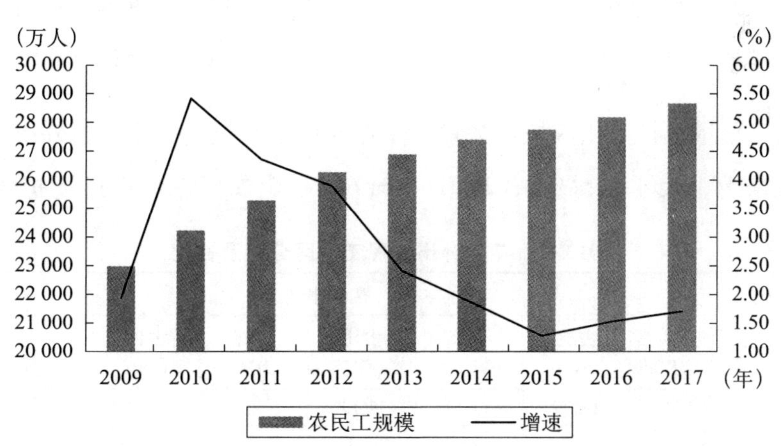

图 4-10　农民工数量及增速变化

资料来源：《农民工监测调查报告》（2009 ~ 2017 年历年）。

（2）东、中部地区农民工流动频繁。从输出地农民分布来看，如图4－11所示，2017年，东部地区农民工数占农民工总量的36.41%，中部地区农民工数占农民工总量的32.98%，西部地区农民工数占农民工总量的27.27%，东北地区农民工数占农民工总量的3.34%。从输入地农民工分布来看，如图4－12所示，2017年，农民工务工仍以东部地区为主，在东部地区务工的农民工占55.82%，在中部地区务工的农民工占20.63%，在西部地区务工的农民工占20.08%，在东北地区务工的农民工占3.19%，在其他地方（包括我国港澳台地区以及国外）务工的农民工占0.28%。

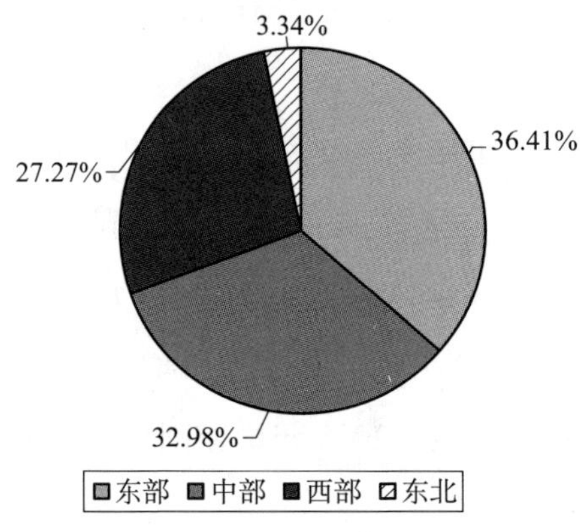

图4－11 2017年输出地农民工分布

资料来源：《农民工监测调查报告》（2017年）。

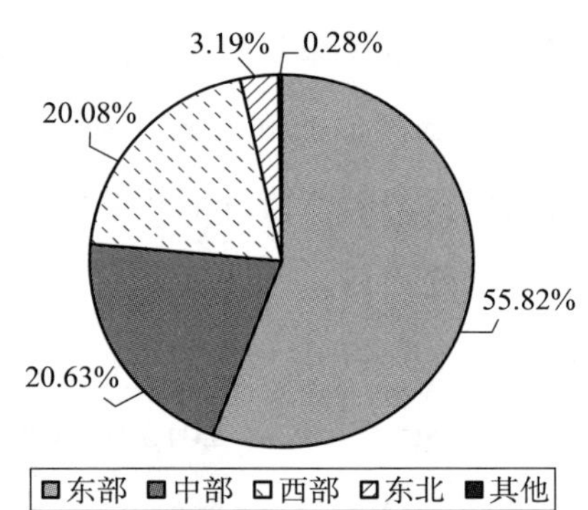

图4－12 2017年输入地农民工分布

资料来源：《农民工监测调查报告》（2017年）。

农民工总量包括外出农民工数量和本地农民工数量，其中，从外出农民流动的输出地来看，表4－1显示，2013～2017年外出农民工规模逐渐扩大。具体

表4－1 2013～2017年外出农民工地区分布及占比

年份	外出农民工（万人）	按输出地分							
		东部（万人）	占比（%）	中部（万人）	占比（%）	西部（万人）	占比（%）	东北（万人）	占比（%）
2013	16 610	4 936	29.72	6 424	38.68	5 250	31.60	—	—
2014	16 821	5 001	29.73	6 467	38.45	5 353	31.82	—	—
2015	16 884	4 944	29.28	6 592	39.04	5 348	31.68	—	—
2016	16 934	4 691	27.70	6 290	37.14	5 350	31.59	603	3.57
2017	17 185	4 714	27.43	6 392	37.20	5 470	31.83	609	3.54

资料来源：《农民工监测调查报告》（2013～2017年历年）。

来看，2013～2015年，东部地区农民工数量占全国总量的比重呈波动下降趋势，中、西部地区占比有所上升，三年期间地区间外出农民工数量基本呈3∶4∶3分布。2016～2017年，报告将外出农民工按输出地分为东部、中部、西部和东北四大区域，其中各地区间外出农民工占比基本稳定。

（3）农民工以从事第二产业、第三产业为主。表4－2是我国2013～2017年外出农民就业的产业分布。由此可见，现阶段我国农民流动的产业分布特征主要是：以从事制造业和建筑业为主，服务业逐渐成为吸纳农民工的重要渠道。外出农民从事第一产业的劳动力较少，主要集中于从事第二产业、第三产业，且第三产业吸纳能力呈逐步增强趋势。以2017年为例，外出农民从事第一产业、第二产业、第三产业的比例分别为0.5%、51.5%、48.0%。

表4－2　2013～2017年外出农民从业产业分布　单位：%

产业	2013年	2014年	2015年	2016年	2017年
第一产业	0.6	0.5	0.4	0.4	0.5
第二产业	56.8	56.6	55.1	52.9	51.5
第三产业	42.6	42.9	44.5	46.7	48.0

资料来源：《农民工监测调查报告》（2013～2017年历年）。

如图4－13所示，2017年，从事制造业的农民工比重为29.9%，从事建筑业的农民工比重为18.9%；从事第三产业的农民工比重为48.0%，提高1.3个百分点，其中批发零售业比重为12.3%，交通运输、仓储和邮政业比重为6.6%，住宿和餐饮业比重为6.2%，居民服务、修理和其他服务业比重为11.3%。总之，农民工从事制造业的比重最大，其次是建筑业。

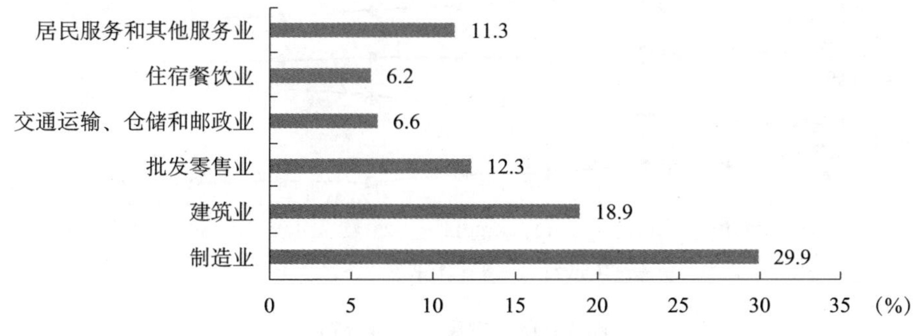

图4－13　2017年农民工从事的主要行业分布

资料来源：《农民工监测调查报告》（2017年）。

3. 农民流动的特征

（1）农民工男女比例稳定，仍以男性为主。图 4-14 描述了 2009~2017 年我国农民工性别分布情况，数据表明：农民工以男性劳动力为主；同时，流动农民劳动力中男女比例相对比较稳定，其中男性占比为 65% 左右，女性占比为 35% 左右。由图 4-14 可知，在 2017 年全部农民工中，男性占 65.6%，女性占 34.4%。

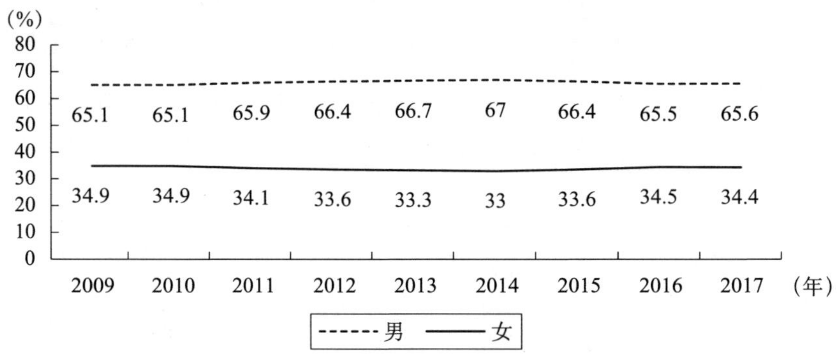

图 4-14　农民工性别分布

资料来源：《农民工监测调查报告》（2009~2017 年历年）。

（2）以青年劳动力为主，但平均年龄逐年增加。从年龄分布来看，农民工以青年为主，但年轻农民工比重呈下降趋势，农民工平均年龄提高。由图 4-15

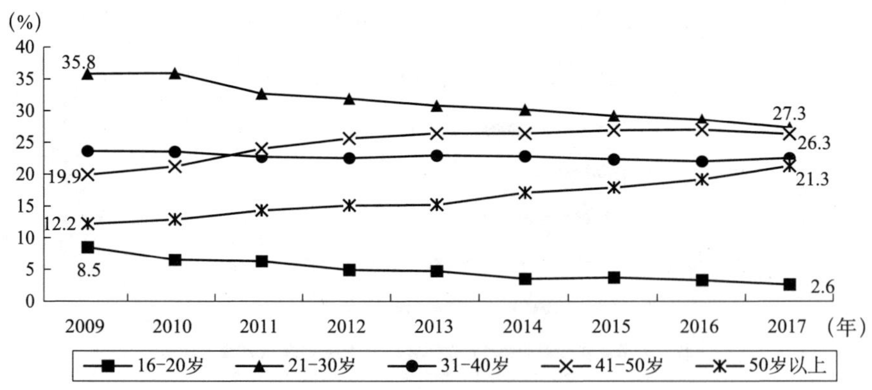

图 4-15　农民工年龄分布

资料来源：《农民工监测调查报告》（2009~2017 年历年）。

可以看出，2009～2017年，我国农民工各年龄段所占比重波动较大。其中，16～20岁比重最小，且呈快速下降趋势，9年间下降了5.9个百分点；21～30岁比重最大，但同样呈快速下降趋势，由2009年的35.8%降至2017年的27.3%；31～40岁比重较为稳定，保持在20%～25%之间；41～50岁和50岁以上农民工比重不断上升，分别上升了6.4个百分点和9.1个百分点，上升幅度较大。

（3）外出农民工文化程度较高。从文化程度看，农民工受教育水平不断提高，外出农民工受教育水平高于本地农民工受教育水平。从表4－3可以看出，未上过学、小学文化程度和初中文化程度的农民工占全部农民工比重均呈下降趋势，高中、大专及以上文化程度的农民工所占比重逐渐上升。外出农民工变化趋势与总体趋势相差无几，但其受教育水平略高于平均水平，2017年，外出农民工中大专及以上文化程度的占比为13.5%，比高全国平均水平高出3.2个百分点。本地农民工受教育水平则略低于全国平均水平，2017年，本地农民工中高中、大专及以上文化程度的占比分别为16.8%、7.4%，比全国平均水平分别低0.3个百分点、2.9个百分点。

表4－3　农民工文化程度构成　单位:%

农民工分类	年份	未上过学	小学	初中	高中	大专及以上
全部农民工	2013	1.2	15.4	60.6	16.1	6.7
	2014	1.1	14.8	60.3	16.5	7.3
	2015	1.1	14.0	59.7	16.9	8.3
	2016	1.0	13.2	59.4	17.0	9.4
	2017	1.0	13.0	58.6	17.1	10.3
外出农民工	2013	0.9	11.9	62.8	16.2	8.2
	2014	0.9	11.5	61.6	16.7	9.3
	2015	0.8	10.9	60.5	17.2	10.7
	2016	0.7	10.0	60.2	17.2	11.9
	2017	0.7	9.7	58.8	17.3	13.5
本地农民工	2013	1.6	18.9	58.4	16.0	5.1
	2014	1.6	18.1	58.9	16.2	5.2
	2015	1.4	17.1	58.9	16.6	6.0
	2016	1.3	16.2	58.6	16.8	7.1
	2017	1.3	16.0	58.5	16.8	7.4

资料来源：《农民工监测报告》（2013～2017年历年）。

（4）农民工家庭化趋势明显。现阶段农民流动以城乡间双向流动为主，具有兼业性和季节性，即“候鸟式”流动——一是“钟摆式”，以年为周期在城市与乡村或地区之间流动；二是“兼业式”，以农业生产季为周期，利用农闲时间外出打工（周江洪，2011）。2005 年国家劳动和保障部课题组研究表明，“迁徙式”流动就业逐渐增加，常年外出务工所占比重逐渐提高，农民人口流动已由单个流动为主逐渐演变成家庭流动和单个流动并存。①

图 4－16 描述了 2009～2014 年我国外出农民工中举家外出的农民工规模及占比情况，由于 2015～2017 年的报告中并未对举家外出农民数量进行统计，数据仅截至 2014 年。尽管如此，我们仍可以看出举家外出农民工规模逐年扩大，所占比重呈波动上升趋势，由 2009 年的 12.91% 上升至 2014 年的 13.06%，上升了 0.15 个百分点。

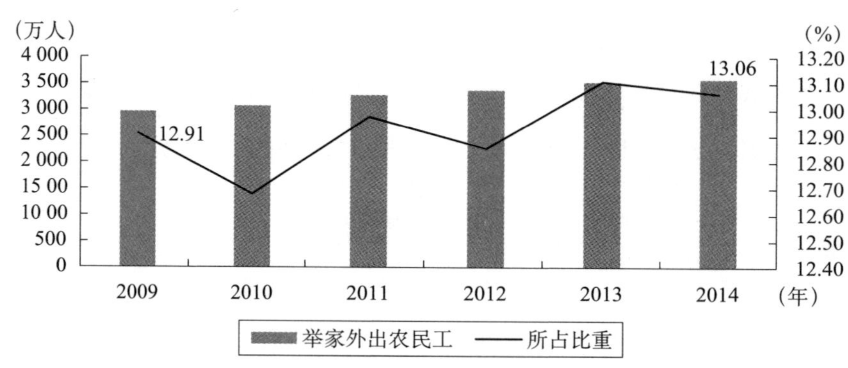

图 4－16　举家外出农民工数及比例变化

资料来源：《农民工监测报告》（2009～2014 年历年）。

二、我国农民公共品需求现状分析

公共品效用具有完全不可分割性，只能作为一个整体“打包”在一组居民之间共同消费或使用（卢洪友、张军，2003），因此，公共品需求主体表现为具有某些共同需求的个体形成的群体，其中农民公共品需求的主体则为农民，即解

① 资料来源：劳动和社会保障部课题组发布的《关于农民工情况的研究报告之一：当前农民工流动就业数量、结构与特点》。

决农民的需求问题。农民公共品需求是一种农民共同消费的行为，主要表现为消费水平的变动（消费需求不断膨胀和收缩的过程）和消费结构的变动（各类消费占比的增减），且消费水平是消费结构变动的集中体现。基于本书的研究对象和目的，本书分别考察农村住户和农民工的消费水平及消费结构，并分析其对公共品的需求现状。

（一）我国农民需求水平发展阶段

改革开放以来，我国农民人均纯（可支配）收入①和人均消费支出②都有大幅增长。图4－17给出了1990～2018年我国农民人均纯（可支配）收入和人均消费支出的变化情况。1990～2018年农村人均纯（可支配）收入和消费支出的发展轨迹可划分为以下几个阶段。

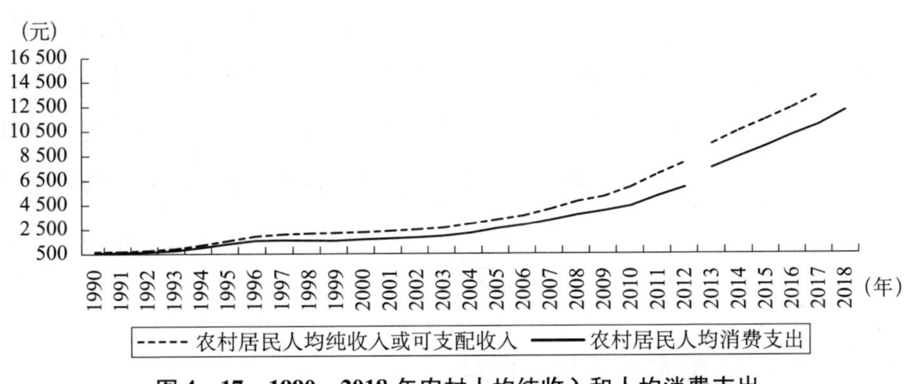

图4－17　1990～2018年农村人均纯收入和人均消费支出

资料来源：国家统计局网站。

第一，收入与消费均呈现快速增长态势，且两者相差无几（1990～1996年）。我国农民人均纯收入从686元增加到1 926元，增长了1.81倍，这与政府提高农副产品收购价格及农民多样化经营相关。同期人均消费支出从1990年的585元增加到1996年的1 572元，增长了1.69倍。此外，人均纯收入与人均消费支出的差额维持在89～354元，由此可见，农民收入基本上用于满足生活需要。

①② 从2013年起，国家统计局开展了城乡一体化住户收支与生活状况调查，2013年及以后的数据来源于此项调查。这与2013年以前分城镇和农村住户调查的调查范围、调查方法、指标口径有所不同。

第二，农民收入与消费增速放慢，且两者开始有差距（1997～2002 年）。1997～2002 年，农民人均纯收入的增速稍快于人均消费支出。具体来看，农民人均纯收入从 1997 年的 2 090 元增长到 2002 年的 2 476 元，增长了 0.18 倍，而农民人均消费支出从 1997 年的 1 617 元增加到 2002 年的 1 834 元，增长了 0.13 倍。1997～1999 年，农民人均消费支出绝对额连续两年负增长，支出额从 1997 年的 1 617 元下降到 1999 年的 1 577 元，下降了 2.47 个百分点。此外，人均纯收入与人均消费支出的差额维持在 473～642 元，呈现波动上升趋势。其间，农民边际消费倾向不断下降的原因主要是我国农民勤俭节约的习惯以及增加预防性储蓄的倾向（郭新华、夏瑞洁，2010）。

第三，农民收入与消费呈明显增长态势且两者差距越来越大（2003 至今）。2003～2012 年，农民人均纯收入从 2 622 元增长到 2012 年的 7 917 元，增长了 2.02 倍，而同期农民人均消费支出从 1 943 元增加到 5 908 元，增长了 2.04 倍。此外，人均纯收入与人均消费支出的差额维持在 679～2009 元，且差额越来越大。2013～2018 年，农民可支配收入从 9 430 元增加到 14 617 元，增长了 0.55 倍，消费支出则从 7 485 元增加到 12 124 元，增长了 0.62 倍，且可支配收入与消费之间的差额越来越大，幅度大小为 1945～2493 元。农民可支配收入增加与中央政府取消农业税①和三提五统②及允许农民外出务工相关。

（二）我国农民需求结构及特征

1. 城乡消费水平差异化明显

由于我国长期重视对城市的建设而忽略对农村的投入，导致农村经济发展落后，从而拉大了城乡居民人均收入水平及消费水平的差距。随着我国经济的发展，1978 年至今，城镇居民和农民收入水平都得到了极大的提升，但是由于我

① 2006 年，中央政府在全国范围内免除农业税，且发放种粮补贴、购买农机补贴、家电补贴以及农村基础设施建设补贴等来增加农民收入，改善农民的消费水平。

② 三提五统中村提留是村级集体经济组织按规定从农民生产收入中提取的用于村一级维持或扩大再生产、兴办公益事业和日常管理开支费用的总称。包括三项，即公积金、公益金和管理费。乡统筹费，是指乡（镇）合作经济组织依法向所属单位（包括乡镇、村办企业、联户企业）和农户收取的，用于乡村两级办学（即农村教育事业费附加）、计划生育、优抚、民兵训练、修建乡村道路等民办公助事业的款项。

国政府长期偏向城市投入，导致农村基础设施远远不能满足农民生活和生产的需求，从而导致农民收入增长缓慢。

城乡消费水平对比详见表4－4，从规模来看，1978～2017年，我国农村居民消费水平不断上升，名义人均消费水平由1978年的138元增加到2017年的11704元，增长了83.81倍。从城乡消费水平对比来看，同期城乡收入差距基本呈现先下降（1978～1990年）后上升（1991～2010年）再下降（2011～2017年）的趋势。虽然城乡收入水平差距逐步缩小，但是仍存在较大差距，截至2017年，城市消费水平是农村消费水平的2.7倍。

表4－4　城乡居民人的消费水平对比　单位：元/人

年份	全国居民	城镇居民	农村居民	城乡居民人均消费水平对比（农民＝1）	年份	全国居民	城镇居民	农村居民	城乡居民人均消费水平对比（农民＝1）
1978	184	405	138	2.9	1999	3 346	6 351	1 793	3.5
1980	238	490	178	2.7	2000	3 721	6 999	1 917	3.7
1981	264	517	202	2.6	2001	3 987	7 324	2 032	3.6
1982	284	504	227	2.2	2002	4 301	7 745	2 157	3.6
1983	315	547	252	2.2	2003	4 606	8 104	2 292	3.5
1984	356	621	280	2.2	2004	5 138	8 880	2 521	3.5
1985	440	750	346	2.2	2005	5 771	9 832	2 784	3.5
1986	496	847	385	2.2	2006	6 416	10 739	3 066	3.5
1987	558	953	427	2.2	2007	7 572	12 480	3 538	3.5
1988	684	1 200	506	2.4	2008	8 707	14 061	4 065	3.5
1989	785	1 345	588	2.3	2009	9 514	15 127	4 402	3.4
1990	831	1 404	627	2.2	2010	10 919	17 104	4 941	3.5
1991	916	1 619	661	2.5	2011	13 134	19 912	6 187	3.2
1992	1 057	2 009	701	2.9	2012	14 699	21 861	6 964	3.1
1993	1 332	2 661	822	3.2	2013	16 190	23 609	7 773	3.0
1994	1 799	3 645	1 073	3.4	2014	17 778	25 424	8 711	2.9
1995	2 330	4 769	1 344	3.5	2015	19 397	27 210	9 679	2.8
1996	2 765	5 382	1 655	3.3	2016	21 285	29 295	10 783	2.7
1997	2 978	5 645	1 768	3.2	2017	22 902	31 032	11 704	2.7
1998	3 126	5 909	1 778	3.3					

资料来源：《中国统计年鉴》（2018年）。

2. 农民需求结构升级

作为衡量农民生活水平和生活质量的重要指标，农民的消费结构是指农民对不同类型商品或服务的消费偏好，主要指农民对不同类型的商品或服务上的消费支出在总消费支出中的比重及它们之间的相互关系。农民需求结构可以反映出一个国家宏观经济运行状况，能够对一个国家的产业结构、供求结构与分配结构产生重要的影响。鉴于消费结构具有层次性，本书将农民消费支出（农村住户用于物质生活和精神生活方面的消费支出）按支出结构分为食品消费支出、衣着消费支出、居住消费支出、家庭设备及用品消费支出、医疗保健消费支出、交通通信消费支出、文教娱乐消费支出及其他消费支出；按照居民需求层次，分为生存消费、享受消费和发展消费①；按消费品提供的消费形态分为实物消费、劳务消费和精神消费。本书将从消费支出结构分类与消费需求层次两方面探讨农民消费结构现状。

表4－5和表4－6描述1996～2017年中国农民消费结构，本书通过分析得出以下结论。

表4－5　1996～2012年我国农民消费结构　单位：%

年份	食品	衣着	居住	家庭设备及用品	交通通信	文教娱乐	医疗保健	其他
1996	56.33	7.24	13.94	5.36	3.00	8.43	3.71	2.02
1997	55.05	6.76	14.42	5.28	3.33	9.16	3.86	2.12
1998	53.42	6.17	15.07	5.15	3.82	10.02	4.28	2.07
1999	52.55	5.83	14.75	5.22	4.36	10.67	4.44	2.17
2000	49.13	5.75	15.47	4.51	5.57	11.18	5.25	3.14
2001	47.71	5.67	16.03	4.42	6.32	11.06	5.55	3.24
2002	46.25	5.72	16.37	4.38	7.01	11.46	5.66	3.15
2003	45.59	5.68	15.87	4.20	8.36	12.13	5.96	2.21
2004	47.23	5.50	14.84	4.08	8.82	11.33	5.98	2.21
2005	45.48	5.82	14.49	4.36	9.59	11.56	6.58	2.13
2006	43.02	5.94	16.58	4.48	10.21	10.78	6.77	2.23
2007	43.08	6.00	17.80	4.62	10.19	9.48	6.52	2.30
2008	43.67	5.79	18.54	4.75	9.84	8.59	6.72	2.10

① 生存型消费通常指衣食住等方面的消费，以满足人们生理需求为主要目的的消费；享受型消费通常指以满足享受需要而在耐用品、文化娱乐服务等方面额支出；发展型消费通常指以满足发展而在教育、交通、医疗等方面的消费支出。鉴于年鉴将文教娱乐合并统计，本书将教育消费认定为享受型消费。

续表

年份	食品	衣着	居住	家庭设备及用品	交通通信	文教娱乐	医疗保健	其他
2009	40.97	5.82	20.16	5.13	10.09	8.53	7.20	2.11
2010	41.09	6.02	19.06	5.34	10.52	8.37	7.44	2.15
2011	40.36	6.54	18.42	5.92	10.48	7.59	8.37	2.34
2012	39.33	6.71	18.39	5.78	11.05	7.54	8.70	2.50

表4-6　　2013～2017年我国农民消费结构　　单位:%

年份	食品烟酒	衣着	居住	生活用品及服务	交通通信	教育文化娱乐	医疗保健	其他
2013	37.67	6.62	18.62	5.84	12.01	7.33	9.27	2.64
2014	33.57	6.09	21.03	6.04	12.08	10.25	8.99	1.94
2015	33.05	5.97	20.89	5.92	12.61	10.51	9.17	1.89
2016	32.24	5.68	21.20	5.88	13.42	10.57	9.17	1.84
2017	31.18	5.58	21.48	5.79	13.78	10.69	9.66	1.83

资料来源：《中国统计年鉴》(2018年)。

(1) 恩格尔系数逐年下降。恩格尔定律认为：一个家庭的收入越少，家庭收入中用来购买食物的份额越高，随着家庭收入的增加，购买食物支出占总支出的比重会下降。恩格尔系数是指食品支出占个人总消费支出的比重。恩格尔定律可以推广到一个国家或者地区，恩格尔系数则可以反映一个国家或地区的富裕程度，恩格尔系数越高，说明一个国家或地区的食品支出占总消费支出的比重越大，生活水平或者经济发展水平越低。

联合国根据恩格尔系数的大小，对世界各国的生活水平有一个划分标准，即一个国家平均家庭恩格尔系数大于60%为贫穷，50%～60%为温饱，40%～50%为小康，30%～40%为相对富裕，20%～30%为富裕，20%以下为极其富裕。观察我国农民恩格尔系数有助于考察我国农民消费结构与消费水平。

由图4-18可知，1996～2012年，我国农村恩格尔系数从56.33%下降到39.33%，2013～2017年，则从37.67%降至31.18%，除2004年与2008年出现反弹，我国农村恩格尔系数整体上呈现出下降趋势。我国农民在1996～1999年、2000～2011年、2012～2017年分别处于温饱、小康与相对富裕阶段，表明自改革开放以来，我国农民生活质量随着经济发展水平的提高有了一定的改善。

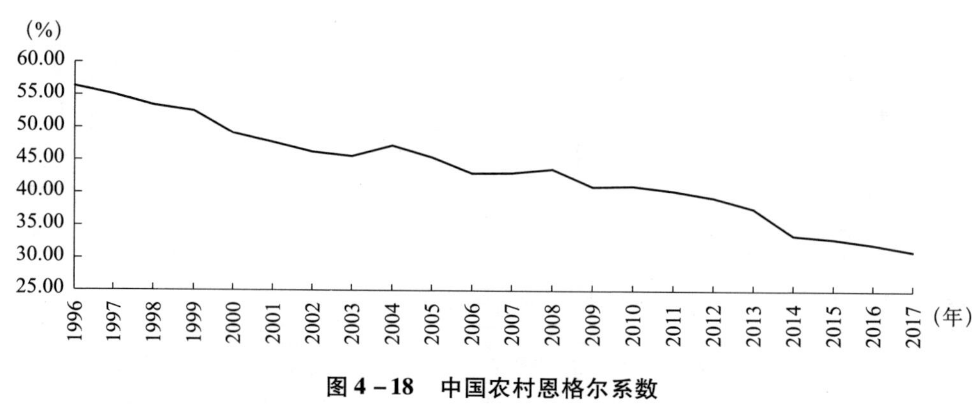

图4－18　中国农村恩格尔系数

资料来源：《中国统计年鉴》(2018年)。

（2）居住与文教娱乐支出具有阶段性，衣着与家庭设备及用品支出趋于稳定。由图4－19可知，作为农民第二大消费支出，居住支出在1996～2009年从13.94%波动性上升到20.16%，2010～2017年基本维持在20%左右，但波动性较强，这与中国2008年的金融危机以及国家鼓励去库存等有关。文教娱乐支出在1996～2003年、2004～2012年、2013～2017年依次呈现出上升、下降、上升的趋势，其中第一阶段上升幅度较小，第三阶段上升幅度相对较大，这与2013～2017年农民人均可支配收入及人均消费支出快速上升相关。国家采取农村税费改革、新机制改革、特岗教师计划等系列改革举措，同时随着“两免一补”的推进与农村义务教育的普及，农民教育支出的占比下降。此外，衣着与家庭设备及用品支出占比基于稳定，维持在5%～6%左右，变化程度较小。

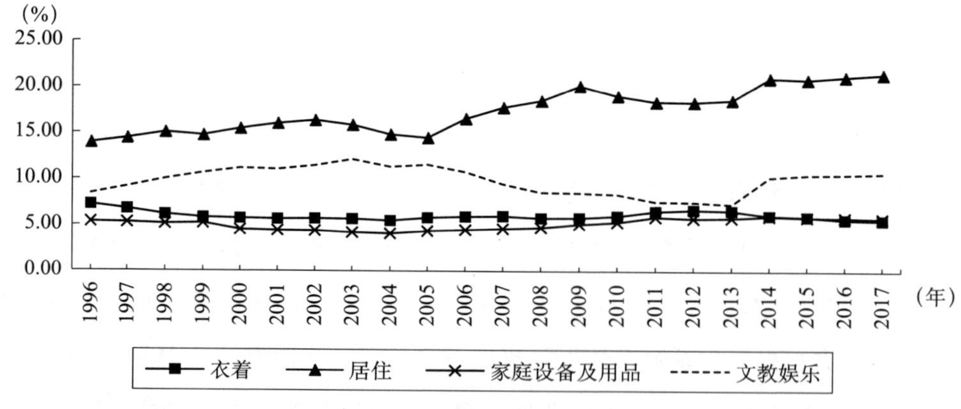

图4－19　居住、文教娱乐、衣着以及家庭设备及用品支出占总支出比重

资料来源：《中国统计年鉴》(2018年)。

（3）交通通信与医疗保健支出稳定上升。由图4－20可知，交通通信支出占农民总支出的比重从1996年的3.00%上升到2017年的13.78%，年均增长率为16.33%，增长了3.59倍。市场化经济促使商品在城乡间、区域间流动加快，工业化与城镇化促使人口在城乡间、区域间流动速度加快，这些均使得农民在交通通信方面的支出增加。

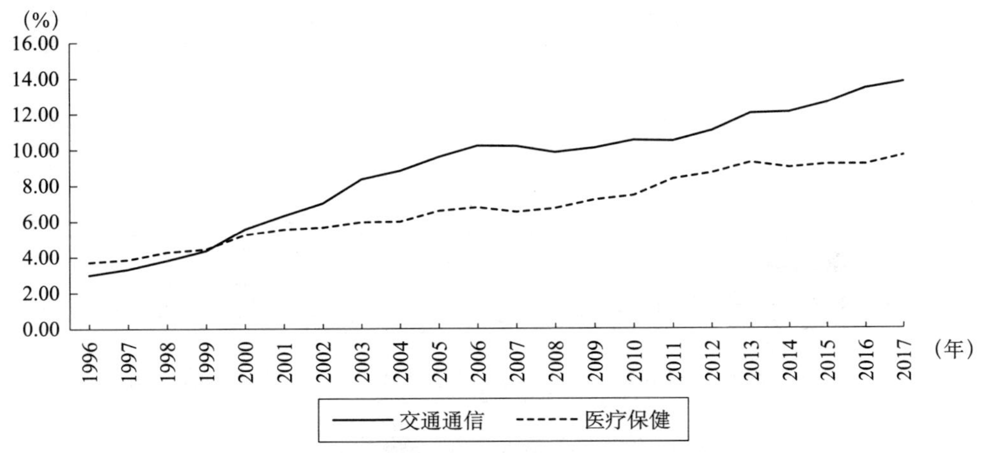

图4－20　交通通信与医疗保健支出占总支出比重

资料来源：《中国统计年鉴》（2018年）。

医疗保健支出占比从1996年的3.71%上升到2016年的9.66%，年增长率为7.29%，增长了1.60倍。从需求角度看，随着社会经济发展，农民生活水平与生活质量均有所提高。我国人均预期寿命从1996年的70.80岁上升到2015年的76.34岁，人口预期寿命的提高以及老龄化的现状会增加医疗保健支出的需求。此外，2003年，我国推行新农合，2010年，新农合基本覆盖农民，有效保障农民获得基本卫生服务、缓解农民因病致贫和因病返贫等问题。但是，新农合以救助农民大病为主，门诊统筹补偿受限，以及流动农民异地就医困难等问题使农民对医疗卫生支出逐年增加。

（4）三类消费支出具有阶段性波动。生存型消费通常指衣食住等方面的消费，是以满足人们生理需求为主要目的的消费，图4－21中的生存型消费支出由食品、衣着与居住消费支出反映。享受型消费通常指以满足享受需要而在耐用品、文化娱乐服务等方面的支出，本书中由文教娱乐与家庭设备支出反映；发展型消费通常指以满足发展而在教育、交通、医疗等方面的消费支出，本书中由交通通信与医疗保健支出来反映。

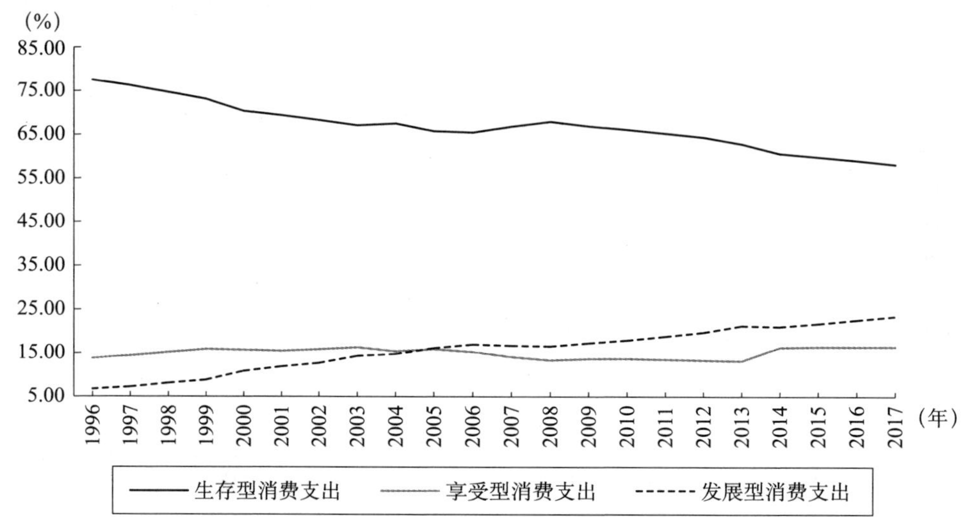

图 4－21　三类消费支出占总支出的比重

资料来源：《中国统计年鉴》(2018 年)。

生存型消费支出呈现四个阶段特征，第一阶段是 1996～2004 年，该支出占比呈下降趋势，从 77.51 %下降至 67.57%；第二阶段是 2005～2009 年，支出占比比较稳定，维持在 65.79%～68%之间；第三阶段是 2010～2012 年，生存型消费支出占比从 66.17%减少至 64.43%；第四阶段是 2013～2017 年，从 62.91 大幅度减少至 58.24%。从具体项目来看，食品消费支出占比在 1996 年最高，为 56.33%，在 2017 年最低，为 31.18%，极差为 25.15%；衣着消费支出和居住消费支出在 1996～2017 年的极差分别是 1.74%和 7.54%（见表 4－5）。由此可见，农民对居住支出的变动是 1996～2017 年除食品消费以外生存型消费变动的主要因素。

享受型消费支出与生存型消费支出两者间此消彼长，也呈现四个阶段特征：第一阶段是 1996～2002 年，该支出占比呈稳定上升状态，维持在 13.79%～15.84%；第二阶段是 2003～2008 年，从 16.33% 下降到 13.34%；第三阶段是

2009～2013年，享受型消费支出占比维持在13.55%左右；第四阶段是2014～2017年，该支出占比先上升，后来维持在16.45%左右。从具体项目来看（见表4－5），文教娱乐消费支出占比在2003年最高为12.13%，在2013年最低为7.33%，极差为4.80%；家庭设备及用品消费支出占比在2004年最低为4.08%，在2014年最高为6.04%，极差为1.86%。由此可见，农民对文教娱乐支出的变动是1996～2017年享受型消费变动的主要因素。

此外，发展型消费支出在1996～2017年从6.71%上升到23.44%，年均增长率为11.87%。从具体项目来看，农民对交通通信与医疗保健的消费支出一直上升，年均增长率分别为17.11%、7.64%。

综上可知，1996～2017年，我国农民家庭的生存型消费比重有所下降，但其占比仍在50%以上，此外，享受型消费和发展型消费占比则呈现上升趋势。具体来看，2017年农民生存型消费、发展型消费、享受型消费支出占比依次是58.24%、16.48%、23.44%，因此，我国农民消费仍以满足基本生存需要为主，其消费层次比较低。

（三）我国流动人口公共品需求现状

我国流动人口呈现家庭化趋势明显，流入地定居意愿加强，平均年龄不断上升，老龄人口不断增加等特征，相应地，其对基本城市公共品需求也随流动人口特征有所改变。本部分将从就业与住房、随迁女子教育、医疗卫生及养老等方面介绍流动人口公共品需求。

1. 未就业者规模较大，家庭化本地居住趋势凸显

图4－22描述了2016年我国不同地区人口流动就业情况。数据显示，东部地区就业人口比重最高为86.03%，未就业人口占比为13.97%；中部地区就业人口比重为85.14%，未就业人口占比为14.86%；西部地区就业人口比重为77.04%，未就业人口占比为22.96%；东北部地区就业人口比重最低，为73.53%，未就业人口占比为26.47%。数据显示，经济较为发达的地区就业机会较多，这与人口流动方向基本保持一致。

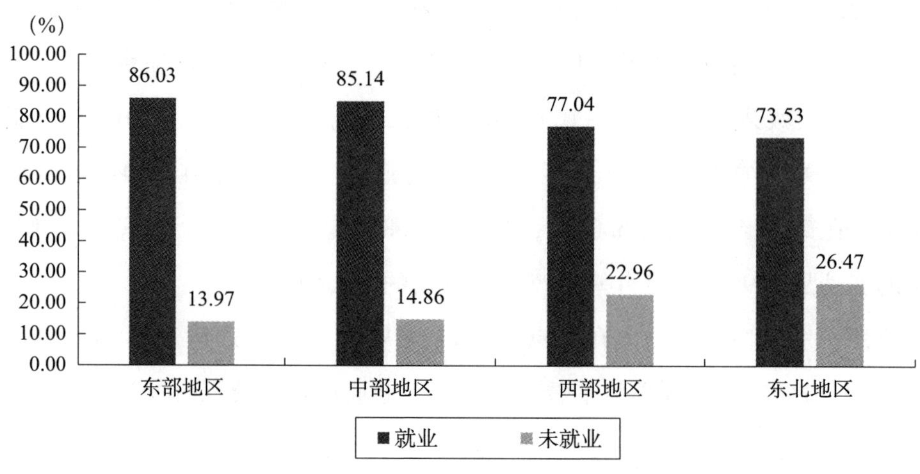

图 4－22　2016 年我国流动人口就业情况

资料来源：国家科技基础条件平台——国家地球系统科学数据共享服务平台（http：//www. geodata. cn）。

针对上述就业情况中的未就业人口，2016 年流动人口动态监测数据中将未就业原因分为丧失劳动能力、退休、不想工作、没找到工作、临时性停工或季节性歇业、因本人原因失去工作、因单位原因失去工作、已经找到工作等待上岗、生病、怀孕或哺乳、料理家务/带孩子、学习培训和其他，共 13 类，其占比情况如图 4－23 所示。其中料理家务/带孩子、没找到工作以及临时性停工或季节性失业占比之和高达 56. 84%。

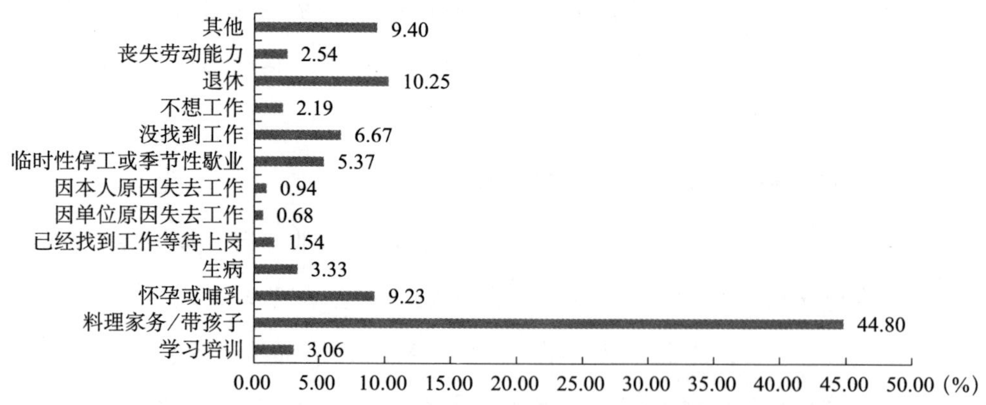

图 4－23　2016 年我国流动人口未就业原因

资料来源：国家科技基础条件平台——国家地球系统科学数据共享服务平台（http：//www. geodata. cn）。

图4－24描述了我国不同地区流动人口家庭成员居住地情况。数据显示：东部地区有70.01%的流动人口家庭成员居住在本地；中部地区有74.58%的流动人口家庭成员居住在本地；西部地区有76.16%的流动人口家庭成员居住在本地；东北部地区有83.79%的流动人口家庭成员居住在本地。这说明现阶段我国人口流动的家庭化趋势明显，且其意愿与流入地的生活成本有关，与现有研究结果基本保持一致。

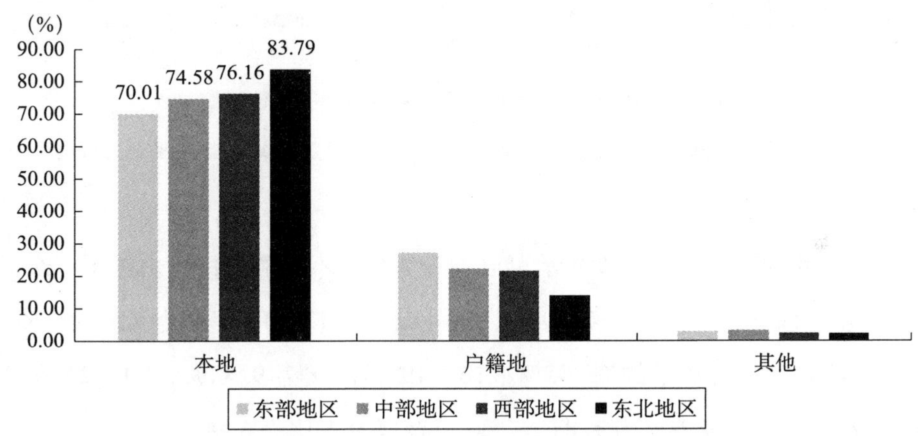

图4－24　2016年我国分地区流动人口家庭成员居住地情况

资料来源：国家科技基础条件平台——国家地球系统科学数据共享服务平台（http：//www.geodata.cn）。

综上所述，数据表明现阶段我国流动人口失业率较高，也表明其对相关社会保险的需求越来越大。同时，流动人口家庭化趋势明显，越来越多的流动人口子女、配偶、老人随迁至流入地生活，使得流动人口对流入地基本民生类公共品的需求意愿越来越强烈。

2. 随迁子女的数量庞大且增长迅速

图4－25描述了2016年我国流动人口家庭拥有子女数量情况。由数据可知，拥有1个子女的流动人口家庭数量占31.99%，拥有2个子女的占52.39%，拥有3个子女的占11.92%，拥有4个及以上子女的流动人口家庭数量较少。

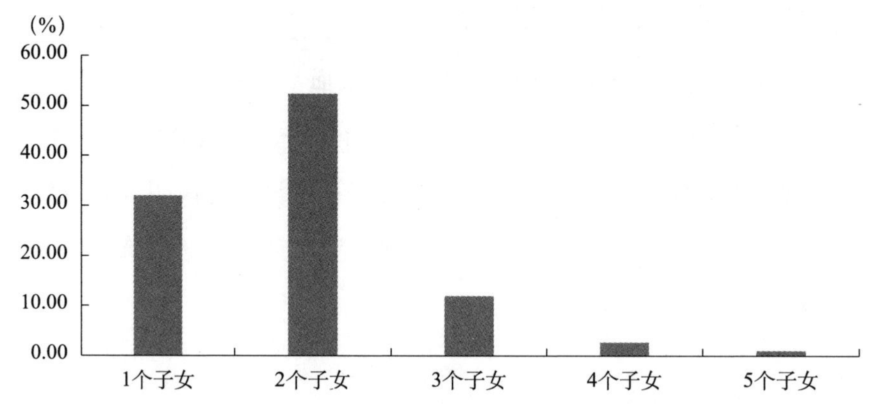

图 4-25　2016 年我国流动人口家庭拥有子女数量情况

资料来源：国家科技基础条件平台——国家地球系统科学数据共享服务平台（http：//www.geodata.cn）。

2016 年我国流动人口子女年龄可以划分为 9 个不同的阶段，由图 4-26 可以看出，3 岁及以下、4~6 岁、7~9 岁、10~12 岁、13~15 岁均为义务教育阶段，共占总流动人口子女数量的 65.95%。16~19 岁占比为 9.30%，20~24 岁占比为 9.93%，25~29 岁占比为 7.87%，30 岁及以上占比为 6.96%。

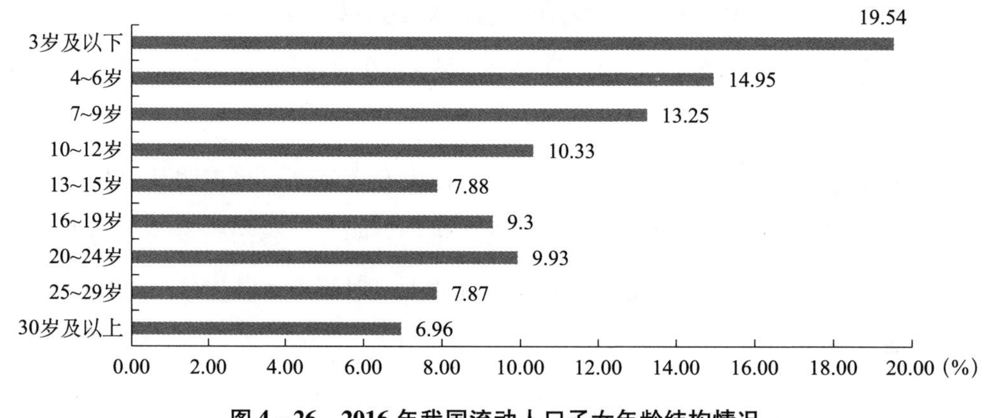

图 4-26　2016 年我国流动人口子女年龄结构情况

资料来源：国家科技基础条件平台——国家地球系统科学数据共享服务平台（http：//www.geodata.cn）。

综上所述，随迁子女的数量庞大且增长迅速，其中约七成的随迁子女仍处于义务教育阶段，进一步表明在人口流动家庭化趋势过程中，流动人口家庭对其子女接受免费的、公平的义务教育的意愿越来越强烈。

3. 随迁老人规模大、身体健康水平偏低

据统计，近几年我国流动人口平均年龄持续上升，流动人口老龄化趋势明显。图4－27描述了我国2015年流动人口家庭拥有老人数量情况，数据显示，有31.28%的家庭拥有一个老人，有68.72%的家庭拥有两个老人。由此说明我国流动人口中老年人口数量逐渐增多，同时也对医疗卫生服务的需求提出更高的要求。

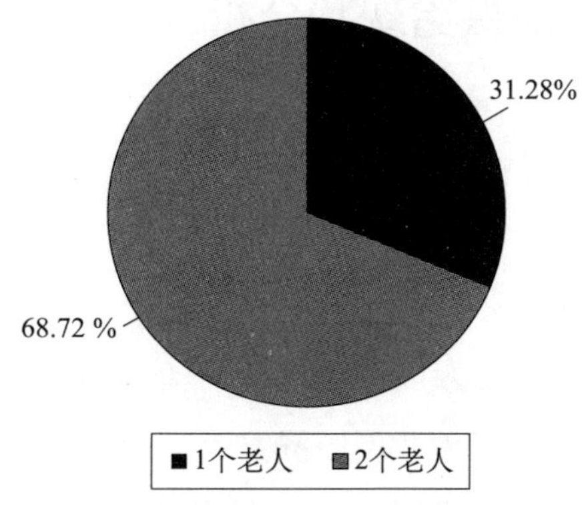

图4－27 2015年我国流动人口家庭拥有老人数量情况

资料来源：国家科技基础条件平台——国家地球系统科学数据共享服务平台（http：//www.geodata.cn）。

如图4－28所示，2015年我国流动人口中身体健康的老人占比仅为43.92%，与此同时，身体处于基本健康、不健康但生活能自理以及生活不能自理的流动老人总占比为56.08%。这说明我国流动人口老人身体健康总体水平偏低，进而对当地预防、治疗和保健产品的需求越来越大。

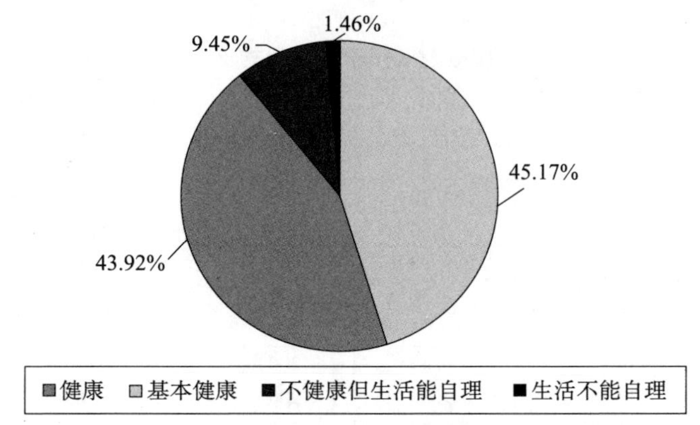

图4－28 2015年我国流动人口老人身体健康状况

资料来源：国家科技基础条件平台——国家地球系统科学数据共享服务平台（http：//www.geodata.cn）。

综上所述，在流动人口家庭化过程中，随迁老人的规模较大和身体健康水平偏低是流动人口对医疗卫生需求增多的主要原因。与此同时，针对不同身体状况的老人提供有差别的医疗卫生服务、减少过度医疗情况发生可在一定程度上降低随迁老人的医疗费用水平。

三、我国农民公共品供给现状分析

（一）我国农村公共品供给现状

1. 财政农业支出规模扩大

我国农村面积广阔，农业人口众多。表4－7显示，1978年，我国乡村人口占总人口比例高达82.1%，随着我国经济发展，大量农村人口涌入城市，农村人口逐步减少，截至2016年，我国乡村人口共5.90亿人，占总人口的比重为42.65%。随着农民生活水平逐步提升，农村人口对公共品的需求也不断提升，农村公共品的投入力度也应该有所增加。虽然我国对农业的支出在不断增加，但是投资于农业的财政支出占全国财政支出的比例却呈现逐年下降的趋势，1978～2006年，国家财政用于农业的支出比重总体呈现下降趋势，农业支出占比从1978年的13.43%下降至2006年的7.85%，2000年以来，农业支出占国家财政支出的比例低于8%（2004年除外）。

表4－7　国家财政用于农业的支出

年份	用于农业的支出（亿元）	占比（%）	年份	用于农业的支出（亿元）	占比（%）
1978	150.66	13.43	1997	766.39	8.30
1980	149.95	12.20	1998	1 154.76	10.69
1985	153.62	7.66	1999	1 085.76	8.23
1990	307.84	9.98	2000	1 231.54	7.75
1991	347.57	10.26	2001	1 456.73	7.71
1992	376.02	10.05	2002	1 580.76	7.17
1993	440.45	9.49	2003	1 754.45	7.12
1994	532.98	9.20	2004	2 337.63	9.67
1995	574.93	8.43	2005	2 450.31	7.22
1996	700.43	8.82	2006	3 172.97	7.85

资料来源：《中国统计年鉴》（2007年）。

由表4－8可知，2008～2017年，国家财政投资于农林水的各项支出基本呈现增加趋势。以农业支出和林业支出为例，农业支出由2008年2 278.9亿元增加到2017年的6 194.6亿元，增长了1.72倍，同期林业支出从424亿元增加到1 724.9亿元，增长了3.07倍。近年来，国家对农村扶贫工作的开展逐渐增多，10年间国家财政扶贫力度不断将强，截至2017年，国家财政扶贫资金已达3 249.6亿元。

表4－8　　国家财政用于农林水的各项支出　　单位：亿元

年份	农业	林业	水利	扶贫	农业综合开发	农村综合改革
2008	2 278.9	424	1 122.7	320.4	251.6	—
2009	3 826.9	532.1	1 519.6	374.8	286.8	—
2010	3 949.4	667.3	1 856.5	423.5	337.8	607.9
2011	4 291.2	876.5	2 602.8	545.3	386.5	887.6
2012	5 077.4	1 019.2	3 271.2	690.8	462.5	987.3
2013	5 561.6	1 204.3	3 338.9	841.0	521.1	1 148.0
2014	5 816.6	1 348.8	3 478.7	949.0	560.7	1 265.7
2015	6 436.2	1 613.4	4 807.9	1 227.2	600.1	1 418.8
2016	6 458.6	1 696.6	4 433.7	2 285.9	616.6	1 508.8
2017	6 194.6	1 724.9	4 424.8	3 249.6	571.2	1 486.9

资料来源：《中国农村统计年鉴》（2018年）。

2. 农村义务教育供给不足、质量较低

教育是国民经济的重要组成部分，也是经济社会发展的重要推动力，同时，教育也会对人口流动产生重要的影响。农村基础教育对人口流动可能产生的影响表现为：第一，农村义务教育的普及可提高流动农民的文化素质，有利于促进人口流动，但如果农村义务教育无法普及，大批文盲人口涌入城市会影响社会稳定；第二，农民文化水平的提高，有利于提高农村经济发展水平，从而进一步缩小城乡间收入差距。然而，一个地区人口所接受的教育机会和程度，同这个地区资源的丰富度有直接的关系。在我国，义务教育资源基本由政府提供和分配，分配的结果是城乡间差距变大，这为农村人口流动提供了“客观条件”（周波，2010）。

农村义务教育是一个意义深远的重大问题。为了确保农村地区的全面发展，保证农村义务教育的发展、提高农村人力资源素质已成为必须。长期以来，我国

农村义务教育主要由县乡政府及村政府负责，然而县乡级财政的困难严重影响了农村义务教育的发展，也使农民的教育负担过重。从 2002 年起，我国实行了“以县为主”的农村义务教育管理体制。近些年，我国政府也不断颁布一系列有关义务教育政策的重要文件，通过各种措施推动教育事业的发展。与前几年比较，农村义务教育取得了明显进步。

由表 4 - 9 可知，2012 ~ 2017 年，农村小学学校数、班级数、在校生数、毕业生数、招生数、学生数及专任教师数都呈现出下降的态势，即农村小学教育规模在不断缩减。同时，农村小学生师比从 2012 年的 16. 89 降至 2017 年的 15. 66，表明农村小学教育水平越来越高，教学投入力度越来越大。

表 4 - 9　　小学农村教育情况①

指标	单位	2012 年	2013 年	2014 年	2015 年	2016 年	2017 年
学校数	万所	15. 5	14. 0	12. 9	11. 8	10. 6	9. 6
班级	万个	123. 6	113. 9	109. 7	106. 9	104. 8	101. 4
毕业生数	万人	624. 2	560. 3	474. 3	440. 9	432. 3	430. 8
招生数	万人	657. 3	591. 8	534. 7	539. 1	517. 2	486. 9
学生数	万人	3 652. 5	3 217	3 049. 9	2 965. 9	2 891. 7	2 775. 4
专任教师	万人	216. 3	219. 9	211. 6	203. 6	197. 5	177. 2
生师比②	—	16. 89	14. 63	14. 41	14. 57	14. 64	15. 66

资料来源：《中国农村统计年鉴》（2018 年）。

初中农村教育情况见表 4 - 10。从学校数量来看，2012 ~ 2017 年，农村初中学校数出现大幅度下降，从 1. 94 万所减少至 1. 53 万所，下降幅度为 21. 13%。从招生数来看，农村初中招生越来越困难，可能是城镇化的推进导致一部分学生选择离开农村到城镇接受更好地教育，从而农村初中的数量不断下降。从专任教师数来看，随着学生数的减少，专任教师数也出现了大规模的下降，由于专任教师数下降速度远高于农村初中在校生数的下降速度，导致农村初中生师比大幅提升。

① 2011 年，教育事业统计报表进行了全面改革，实施了国家统计局首次颁布的《统计用城乡划分代码》。新的城乡划分标准将原来的城市、县镇、农村三个分类调整为三大类七小类，即城区（含主城区、城乡接合部）、镇区（含镇中心区、镇乡结合区、特殊区域）、乡村（含乡中心区、村庄）。因城乡划分口径发生了变化，故城乡数据不与往年做比较。

② 生师比 = 在校生数 \ 专任教师数。

表 4－10　　初中农村教育情况①

指标	单位	2012 年	2013 年	2014 年	2015 年	2016 年	2017 年
学校数	万所	1.94	1.85	1.77	1.70	1.62	1.53
班级	万个	20.3	17.8	16.6	15.7	15.1	14.7
毕业生数	万人	364	313.9	251.1	235.3	224.7	207.9
指标	单位	2012 年	2013 年	2014 年	2015 年	2016 年	2017 年
招生数	万人	318.4	274.5	249.7	232.3	227.1	224.0
学生数	万人	974.1	814.5	748.5	702.5	667.0	643.4
专任教师	万人	97.4	73.1	68.5	64.5	60.8	57.5
生师比	——	10.00	11.14	10.93	10.89	10.97	11.20

资料来源：《中国农村统计年鉴》(2018 年)。

中国 2016 年生均公共财政预算教育经费支出统计见表 4－11。从初中阶段来看，2016 年，地方普通初中生均公共财政预算教育经费为 13 641.95 元，地方农村初中为 12 644.58 元，两者相差 997.37 元。具体来看，两者个人部分支出、公用部分支出、基本建设支出的差距分别为 633.55 元、303.24 元和 60.59 元。由此可见，个人部分支出差距是地方普通初中与农村初中预算教育经费差距的主要来源。

从小学阶段来看，2016 年，地方普通小学生均公共财政预算教育经费为 9 686.16 元，地方农村小学为 9 348.05 元，两者相差 338.11 元。具体来看，两者个人部分支出、公用部分支出、基本建设支出的差距分别为 102.89 元、208.05 元和 27.17 元。事业费差距是地方普通小学与农村小学预算教育经费差距的主要来源。

表 4－11　　中国 2016 年生均公共财政预算教育经费支出统计　　单位：元

教育阶段	公共财政预算教育经费支出	事业费支出	个人部分	公用部分	基本建设支出
地方普通初中	13 641.95	13 414.26	9 853.75	3 560.51	227.70
地方农村初中	12 644.58	12 477.47	9 220.20	3 257.27	167.11
地方普通小学	9 686.16	9 557.19	6 946.86	2 610.34	128.96
地方农村小学	9 348.05	9 246.26	6 843.97	2 402.29	101.79

资料来源：《中国教育经费统计年鉴》(2017 年)。

① 2011 年，教育事业统计报表进行了全面改革，实施了国家统计局首次颁布的《统计用城乡划分代码》。新的城乡划分标准将原来的城市、县镇、农村三个分类调整为三大类七小类，即城区（含主城区、城乡接合部）、镇区（含镇中心区、镇乡结合区、特殊区域）、乡村（含乡中心区、村庄）。因城乡划分口径发生了变化，故城乡数据不与往年做比较。

综上可见，农村义务教育存在供给不足、质量低等现象，这不利于我国农村义务教育发展。此外，农村义务教育和普通义务教育生均教育经费差距较大，不利于缩小城乡教育发展水平差距。

如图4－29所示，农村义务教育投入经费不足导致我国农村教育水平发展缓慢。2006年，我国开始普及九年义务教育，农村文盲率有所下降，从2006年的12.49%下降到2016年的8.58%，下降了3.91个百分点。但是，农村人口文盲率一直高于全国同期水平。2006～2010年，农村与全国文盲率差距在逐渐缩小，2010年两者差距最小，相差2.38个百分点，说明农村教育发展水平取得了一定的成绩。然而，在2017年，差距变为3.57个百分点，可见两者差距有所变大。由此可知，近些年，我国农村义务教育发展水平明显提高，但我国农村人口文盲率与全国文盲率差距加大，表明我国农村教育发展仍比较落后。

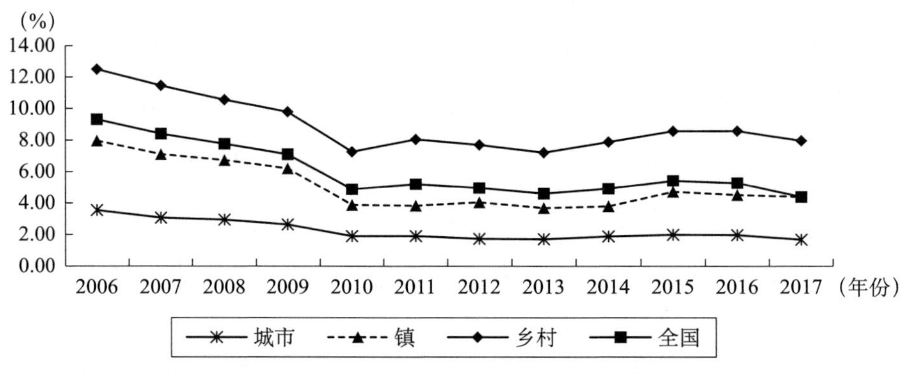

图4－29　2006～2017年农村人口与全国人口文盲率

资料来源：《中国人口和就业统计年鉴》(2007～2018年历年)。

3. 农村卫生服务投入数量不足，医疗设施使用效率较低

我国农村卫生服务曾在二十世纪六七十年代用较少的资金覆盖了中国大部分人口，基本满足了广大农民的需求。但是，随着中国经济体制的改革，农村卫生服务体系受到很大的冲击，农村合作医疗制度在相当长一段时期内在大部分地区已不复存在。对此，国家针对性地做出了政策、体制上的调整，也颁布了许多惠农政策。近年来，我国农村卫生服务水平有了很大的改善。

图4－30描述了2005～2017年我国村卫生室个数情况，可以在一定程度上反映农村地区医疗卫生服务的供给水平。从整体上看，我国农村卫生室个数呈先上升后下降趋势。其中，2005～2011年，村卫生所个数由58.32万个增加至66.29万个，但是，在2011～2017年，村卫生所个数由66.29万个下降至63.21万个，说明在此期间我国政府对农村卫生站进行整合，降低了相应的供给规模。

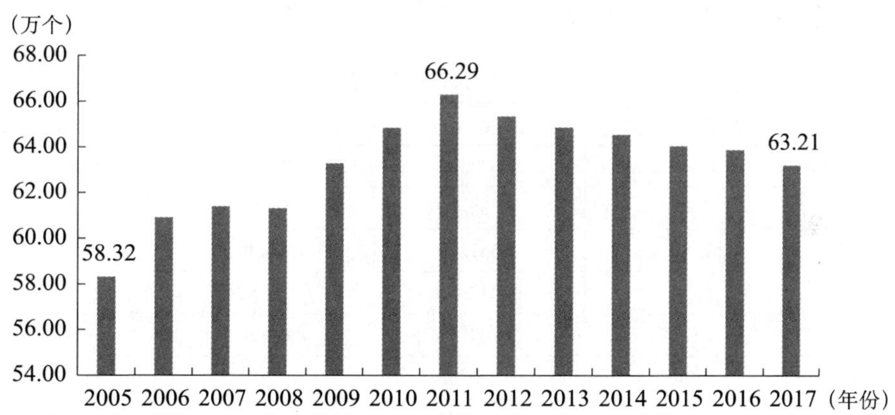

图4－30　村卫生室个数

资料来源：《中国统计年鉴》(2018年)。

表4－12对农村乡（镇）卫生院人员及设备配置情况进行分析，1995～2017年，卫生院数量有所下降，卫生人员和床位数有所提升，说明农村地区卫生院人员配备和医疗条件均有相应幅度的提升，我国在农村公共卫生服务上取得了一些成果。

表4－12　农村乡（镇）卫生院情况

指标	单位	1995年	2000年	2012年	2013年	2014年	2015年	2016年	2017年
卫生院	万个	5.18	4.92	3.71	3.70	3.69	3.68	3.68	3.66
卫生人员	万人	105.18	116.98	120.50	123.39	124.73	127.78	132.08	136.03
床位	万张	73.31	73.48	109.93	113.65	116.72	119.61	122.39	129.21

资料来源：《中国农村统计年鉴》(2013～2018年历年)。

表4－13描述了乡镇卫生院医疗服务情况。首先，从乡镇医院诊疗人次来看，到乡镇医院看病的人数平稳上升，从2005年的6.79亿次增加至2017年的

11.11 亿次，增加了 60% 以上，说明随着生活水平的提升，乡镇住户对身体健康的要求更高，同时说明到医院看病更加便捷。其次，从入院人数来看，2005 年，乡镇医院入院人数仅为 1 622 万人，2017 年增加至 4 047.20 万人，即乡镇医院医疗水平有所提升，一部分病人可以选择在县镇医疗就医，不用转往更大的医院。此外，病人平均住院日的提升也反映了乡镇医院的医疗水平的提升，可以医治一些以前无法医治的大型疾病。乡镇医院医疗水平的提升也进一步提高了医院病床使用率，从 2005 年的不足 40% 增长至 2017 年的 61.30%。

表 4-13　　乡镇卫生院医疗服务情况

年份	诊疗人次（亿次）	入院人数（万人）	病床使用率（%）	平均住院日（日）
2005	6.79	1 622.00	37.70	4.63
2006	7.01	1 836.00	39.35	4.62
2007	7.59	2 662.00	48.40	4.82
2008	8.27	3 312.72	55.82	4.44
2009	8.77	3 807.72	60.70	4.79
2010	8.74	3 630.38	59.04	5.20
2011	8.66	3 448.78	58.12	5.58
2012	9.68	3 907.50	62.07	5.68
2013	10.07	3 937.15	62.83	5.92
2014	10.29	3 732.61	60.50	6.27
2015	10.55	3 676.10	59.90	6.40
2016	10.82	3 799.94	60.60	6.44
2017	11.11	4 047.20	61.30	6.30

资料来源：《中国统计年鉴》（2006~2018 年历年）。

4. 农村基础设施投入缺乏连续性

政府在包括水、电、路与农村和农民生活相关的公共产品等基础设施建设上履行着重要的职责。长期以来，我国城乡公共产品实行的是二元供给制度，即城市的基础设施建设主要通过公共财政安排提供，农村的基础建设主要依靠农民自己。如今农村很多大型水利设施是人民公社时期建设的，很多已经无法正常投入使用，水利设施供给存在很大的不足。

由表 4-14 可知，2010~2017 年，我国农民居住环境得到了极大的改善。首先，从农村用水方面来说，农村改水累计受益人从2010年的90 834万人增加到2014年的91 511万人，农村改水累计收益率上升了0.9个百分点，大部分农民从农村改水项目中受益。其次，为进一步提升农村环境卫生，国家大力推动卫生厕所的普及，主要体现在以下两方面：一方面提高家庭卫生厕所的使用率，从2010年累积17 138万户家庭使用卫生厕所到2017年累计21 701万户家庭使用卫生厕所，增长了26.63%，卫生厕所普及度已经由过去的67.4%提升到2017年的81.70%；另一方面，2010～2014年，政府为农村家庭提供了更多的卫生公厕，农村卫生厕所及卫生公厕建设和使用情况较为良好，随着农村生活条件的改善，农村累积使用卫生公厕户数逐渐开始下降。最后，通过清洁能源替代传统柴火等方式获取能源可以有效改善农村生活环境，在农村可用能源方面，国家推进了农村沼气池、太阳能热水器、太阳灶的修建，极大地提高了使用清洁能源的农民数，农村沼气池产气量从2010年的139.7亿立方米增加到2013年的157.8亿立方米后开始下降，太阳能热水器从2010年的5 498.3万平方米增加至2017年的8 723.5万平方米，同时，太阳灶使用从161.7万台增加至222.3万台，太阳能在农村的普及度有了极大提升。

表4－14　　农村环境情况

指标	2010年	2011年	2013年	2014年	2015年	2016年	2017年
农村改水累计受益人口（万人）	90 834	89 971	89 938	91 511	—	—	—
农村改水累计受益率（%）	94.9	94.2	95.6	95.8	—	—	—
累计使用卫生厕所户数（万户）	17 138	18 019	19 401	19 939	20 684	21 460	21 701
卫生厕所普及率（%）	67.4	69.2	74.1	76.1	78.4	80.3	81.70
累计使用卫生公厕户数（万户）	2 827.7	2 972.8	3 165.1	3 990.9	3 879.5	3 502.6	2 997.7
农村沼气池产气量（亿立方米）	139.7	152.8	157.8	155.0	153.9	144.9	123.8
太阳能热水器（万平方米）	5 498.3	6 231.9	7 294.6	7 782.9	8 232.6	8 623.7	8 723.5

续表

指标	2010 年	2011 年	2013 年	2014 年	2015 年	2016 年	2017 年
太阳灶（万台）	161.7	213.9	226.4	230.0	232.6	227.9	222.3

注：因报表主管机关调整，2015～2017 年关于农村改水的相关数据缺失。
资料来源：《中国农村统计年鉴》（2011～2018 年历年）。

从乡村水电站发展情况来看（见图 4－31），1978～2007 年，全国乡村办水电站个数趋于下降，从 1978 年的 82 387 个乡村办水电站下降至 2007 年的约 30 000 个。2008 年，由于统计口径发生变化，农村办水电站数量大幅提升，随后基本保持全国 45 000 个以上的水平。2008 年以前，乡村水电站装机容量增长十分缓慢，2008 年以后，虽然农村办水电站数量基本保持稳定，但是其装机容量呈现了飞速增长，2008～2016 年，农村水电站装机容量从 5 127.4 万千瓦增至近 7 927 万千瓦，装机容量增长近 54.60%，说明农村办水电站发电能力有了高度提升。

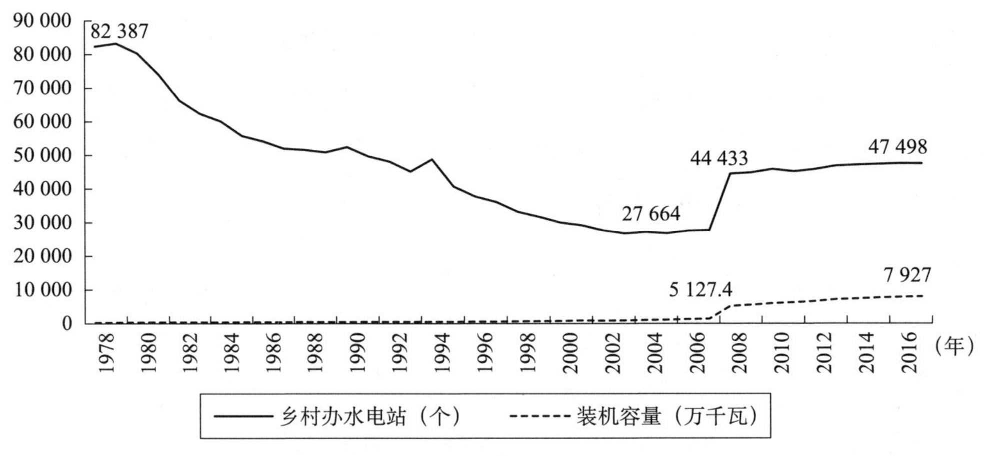

图 4－31　乡村（农村）办水电站情况[①]

资料来源：《中国农村统计年鉴》（2016～2018 年历年）。

随着农村电力的发展，农村用电量和农田水利灌溉水平也得到了极大的提升（见图 4－32）。1978 年以来，农村用电量持续增加，进入 2000 年以后农村用电量年均增长幅度保持在 10% 左右，但 2013 年后农村用电量增长速度有所下降，截至 2017 年，农村用电量达到 9 524.4 亿千瓦时。同时，农田灌溉面积保持稳定增长，灌溉面积不断加大，切实保障了农田产量。

① 2008 年起，乡村办水电站统计口径变更为农村水电。

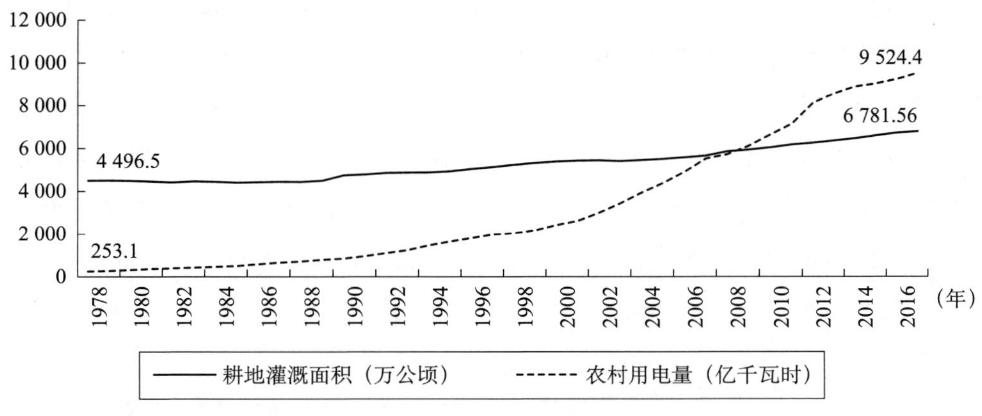

图 4－32　农村耕地灌溉面积和农村用电量情况

资料来源：《中国农村统计年鉴》（2016～2018 年历年）。

5. 农村养老基础设施薄弱，扶贫力度不足

社会保障作为一种调节市场经济的有效再分配手段，是市场经济运行的一个重要补充。在市场经济建立的过程中，不同社会群体都面临着一定的转轨风险，老年人是否能及时、足额领到养老金，失业人群和陷入经济困难的家庭能否获得社会的救助，等等，都需要政府尽快形成一个有效的社会保障机制，农村尤其如此。经过多年的摸索前进，中国农村社会保障制度有了较大的发展。

由表 4－15 可知，老年收养性福利机构个数呈波动式下降趋势，2010～2014 年，全国老年收养性福利机构个数从 3.15 万个下降至 2.03 万个，下降幅度为 35.56%。同时，职工人数从 14.20 万人下降到 13.00 万人，下降幅度为 8.45%。职工下降幅度远远低于机构下降幅度，即福利机构平均职工数有大幅提升。年末收养老人数从 2010 年的 175.60 万人下降至 2014 年的 149.9 万人，其中，2013～2014 年，从 194.70 万人下降到 149.9 万人，其下降幅度为 23.00%。

表 4－15　农村养老服务机构情况

指标	单位	2010 年	2011 年	2012 年	2013 年	2014 年
老年收养性福利机构个数	万个	3.15	3.15	3.28	3.02	2.03
机构职工人数	万人	14.20	14.20	15.90	16.40	13.00
年末收养老人数	万人	175.60	175.60	193.00	194.70	149.90

注：2014 年机构数口径有调整。

资料来源：《中国农村统计年鉴》（2015 年）。

从农村社会救助情况（见图4－33）看，一方面，居民最低生活保障人数从2007年的3 566.3万人增加至2017年的4 045.2万人，其中，2007～2010年农村低保人数呈现快速增长的趋势，2010～2013年农村低保人数基本保持平稳，2013～2017年呈现下降趋势；另一方面，集中供养五保人数在2013年后呈现下降趋势，从2013年的183.5万人下降到2017年的99.6万人，分散供养五保人数在2007～2017年11年间减少了26.1万人，总的来看，农村五保户人数基本保持平稳。

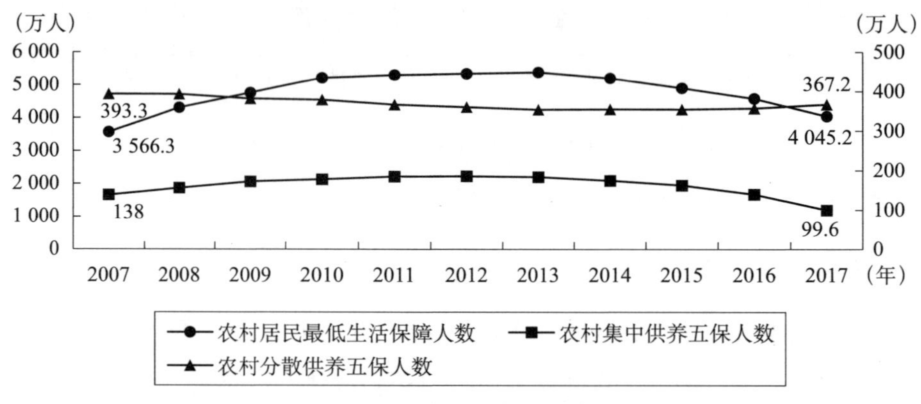

图4－33　农村社会救助情况

资料来源：《中国统计年鉴》（2008～2018年历年）。

6. 农村文化建设速度缓慢，农民文化素质较低

农村文化建设作为一种农村经济发展的无形推动力，不仅能够通过各种文化和艺术形式为农村创造良好的文化氛围，提升农民思想文化素质，还能够带动相关产业的发展，促进农村经济的发展，加快社会主义新农村建设步伐。农民素质的高低，在很大程度上决定着农业和农村现代化发展的步伐，决定着我国经济社会发展战略目标的实现，只有培养有文化、会经营的新型农民，农业和农村的发展才有后劲（吴晓燕，2012）。

表4－16描述了2010～2014年我国农村文化机构情况。一方面，从文化结构建设来分析农村文化事业发展情况，2010～2014年，我国乡镇文化站波动增加，从2010年的3.41万个增加到2016年的3.47万个；另一方面，从群众业余演出团和群众文化馆办文艺团体来看，2010～2014年①两项均增加，其中，群众业余演

① 2015年开始，《中国农村统计年鉴》中未统计群众业余演出团和群众文化馆办文艺团体两项指标。

出团从2010年的30.45万个增至2014年的40.46万个，增长了10.01万个，同期群众文化馆办文艺团体从5 590个增至6 447个，增加了857个。由此表明，近些年我国农村文化结构发展情况较好，特别是群众自发性文化形式发展迅速。

表4-16　农村文化机构

指标	单位	2010年	2011年	2012年	2013年	2014年
乡镇文化站	个	34 121	34 139	34 101	34 343	34 465
群众业余演出团（队）	个	304 505	267 844	303 342	342 649	404 610
群众文化馆办文艺团体	个	5 590	7 927	8 750	6 022	6 447

资料来源：《中国农村统计年鉴》（2011～2015年历年）。

我国农村广播电视电影事业发展水平可以在一定程度上反映当前农民生活休闲娱乐情况（见表4-17）。首先，从广播节目综合人口覆盖率来看，农村覆盖率与全国水平差距逐渐缩小，差距从2010年的1.14个百分点下降到2017年的0.47个百分点；其次，从电视节目综合人口覆盖率来看，农村人口覆盖率与全国人口覆盖率差距逐渐缩小，截至2017年，两者差距为0.33个百分点；最后，从有线广播电视来看，农村用户不足全国总用户数的40%，且实际用户数占农村家庭总户数比重也维持在33%左右，由此可见，我国有线广播电视在农村覆盖率较低。

表4-17　广播电视电影事业发展情况

指标	2010年	2011年	2012年	2013年	2014年	2015年	2016年	2017年
广播节目综合人口覆盖率（%）	96.78	97.06	97.51	97.79	97.99	98.17	98.37	98.71
#农村	95.64	96.09	96.60	97.00	97.29	97.53	97.79	98.24
电视节目综合人口覆盖率（%）	97.62	97.82	98.20	98.42	98.60	98.77	98.88	99.07
#农村	96.78	97.10	97.55	97.86	98.11	98.32	98.49	98.74
有线广播电视实际用户数（万户）	18 872	20 264	21 509	22 894	23 458	23 567	22 830	21 446
#农村	7 293	8 123	8 432	8 911	7 986	8 250	8 093	7 504
农村有线广播电视实际用户数占农村家庭总户数比重（%）	29.35	32.38	33.49	35.29	31.55	33.49	33.17	31.7

资料来源：《中国统计年鉴》（2011～2018年历年）。

综上所述，由于政府组建的乡镇文化站文化形式单一，对农民吸引力有限，所以群众自发组织的文化娱乐活动逐渐增加。此外，虽然广播基本实现农村人口全覆盖，但是有线广播电视在农村的覆盖率并不高，农民对文化娱乐的选择较少，这也不利于农村文化事业的发展。

（二）我国流动人口公共品供给现状

20 世纪 90 年代以来，我国形成了一股持续不断的农村人口流动的潮流，这股潮流对传统的农村甚至整个社会的发展都带来了深刻的影响。不可否认，农村人口的流动给中国社会和农村的发展带来了积极的影响，比如减少了束缚在土地上的众多农民、为城镇建设提供了廉价劳动力、加速了城镇化建设、促进城乡融合等。但是，对于农村流出人口来说，他们的生活却没有受到相应的保障，他们既享受不到农村供给的公共品，也享受不到城镇居民可以享受的公共服务。

1. 失业保险参保率低，积极性不高

失业保险是针对因失业而暂时中断生活来源的劳动者提供的，主要是保障失业人员在失业期间的基本生活，从而促进其再就业。如图 4 –34 所示，2016 年，69. 58% 的流动人口未参加失业保险，仅有 29. 1% 的流动人口参加失业保险。

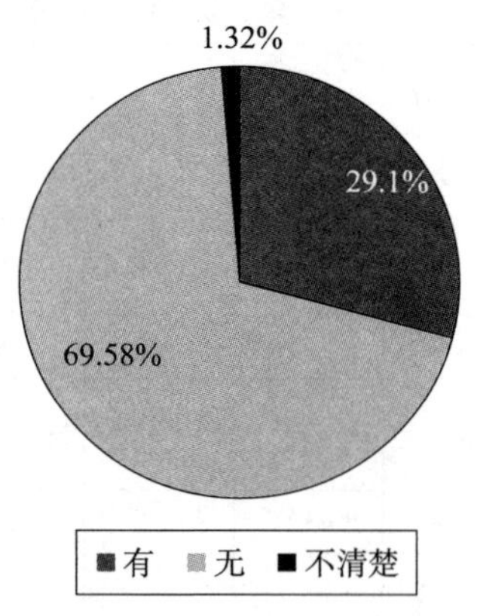

图 4 –34　2016 年我国流动人口参加失业保险情况

资料来源：国家科技基础条件平台——国家地球系统科学数据共享服务平台（http：//www. geodata. cn）。

2. 随迁子女接受义务教育情况好转

进城务工子女在校情况见表 4－18。从普通小学来看，2016 年，小学招收的进城务工人员随迁子女为 183.62 万人，相较于 2015 年增加了 937 人，其增速为 0.05%；2017 年，招收的关于进城务工人员随迁子女为 180.99 万人，相较于 2016 年减少了 1.43%。从初中教育阶段来看，2016 年初中招收的随迁子女学生数相较于 2015 年增加了 6.54 万人，其增速为 5.45%；2017 年，初中招收的随迁子女学生数为 364.45 万人，相较于 2016 年的 358.06 增长了 1.78%。由此可见，一方面，流入地小学学校招生人数在小幅度减少，但是招生规模仍旧很大，而流入地初中学校招生数不仅规模很大，而且招生人数在逐年增加，这都在一定程度上保障了进城务工随迁子女的基本教育；另一方面，随迁子女在校规模的扩大，其背后反映出农民工对子女教育需求的增加，且相对于小学教育，进城务工人员对子女初中教育需求更多。

表 4－18　　进城务工子女在校情况　　单位：人

项目		进城务工人员随迁子女		
		2015 年	2016 年	2017 年
普通小学	毕业生数	1 169 812	1 300 339	1 383 431
	招生数	1 835 257	1 836 194	1 809 889
	#受过学前教育	1 820 589	1 826 155	1 800 113
	在校学生数	10 135 581	10 367 103	10 421 804
	#女	4 314 315	4 520 120	4 633 796
初中	毕业生数	835 043	918 719	943 837
	招生数	1 199 478	1 264 891	1 299 836
	在校学生数	3 535 380	3 580 615	3 644 540
	#女	1 469 463	1 548 978	1 607 398

资料来源：《中国统计年鉴》（2015～2018 年历年）。

3. 缺乏以人为本的健康教育提供理念

如图 4－35 所示，我国通过电子显示屏、短信和微信、健康知识讲座、面对面咨询、社区网站咨询、社区医生传授、宣传栏和宣传资料等方式向流动人口提供健康教育。2016年，我国向流动人口提供健康教育的方式主要是宣传栏和宣传资料。随着信息技术发展，流动人口通过手机短信、微信以及网上咨询方式获取健康信息已较为普遍，但采取面对面咨询、社区网站咨询方式和医生咨询的人数较少。例如，东部地区主要通过宣传栏、宣传资料和健康知识讲座的方式接受健康教育，三种方式占比分别为28.87%、28.48%和14.17%，其他途径则包括电子显示屏（8.11%）、短信和微信（6.09%）、面对面咨询（6.56%）、社区网站咨询（2.99%）、社区医生传授（4.74%）。

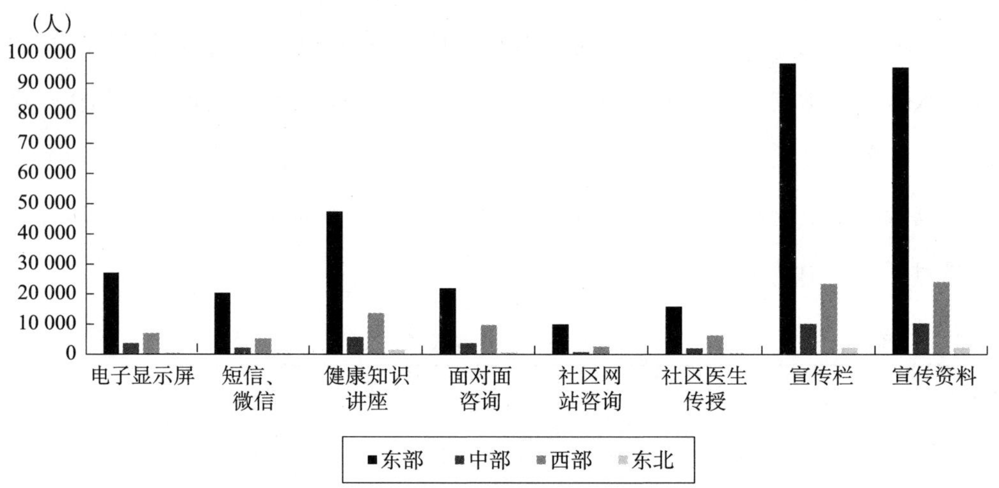

图4-35　2016年我国流动人口健康教育方式提供方式情况

资料来源：国家科技基础条件平台——国家地球系统科学数据共享服务平台（http：//www.geodata.cn）。

4. 医疗保险参保率较低、地区差异大

如图4-36所示，2016年，我国绝大多数流动人口不享有城乡居民合作医疗保险。分地区来看，流动人口在西部地区获得城乡居民合作医疗保险的比例是8.15%，在东北地区享有的比例最低，仅为1.51%。由此可见，大部分流动人口未参加城乡居民合作医疗保险。目前，农民工作为流动人口的主力，有的只参加一种医疗保险，有的参加新农合后到城市又参加了城镇医疗保险。由此表明，我国医疗保险制度有待完善。

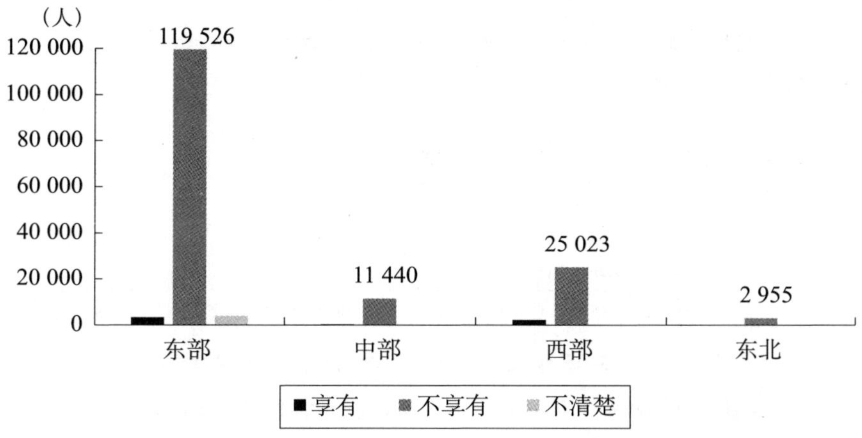

图 4－36　2016 年我国流动人口享有城乡居民合作医疗保险情况

注：在东北地区获得医疗保险以及在中部、西部、东北地区不清楚是否获得医疗保险的流动人口数量较少，因此，上述数据未能在图中体现。

资料来源：国家科技基础条件平台——国家地球系统科学数据共享服务平台（http：//www. geodata. cn）。

如图 4－37 所示，2015 年，我国老龄流动人口医疗保险参保地点主要是户籍地，其比例为 87. 76%。从参加保险的种类来看，老龄流动人口主要参加新型农村合作医疗保险，比例为 51. 34%。其他参与方式分别为城乡居民合作医疗保险、城镇居民合作医疗保险、城镇职工医疗保险、公费医疗。除了 6. 98% 的老龄流动人口不清楚参加保险情况外，还有 7. 80% 未参加以上提及的五项保险（见图 4－38）。

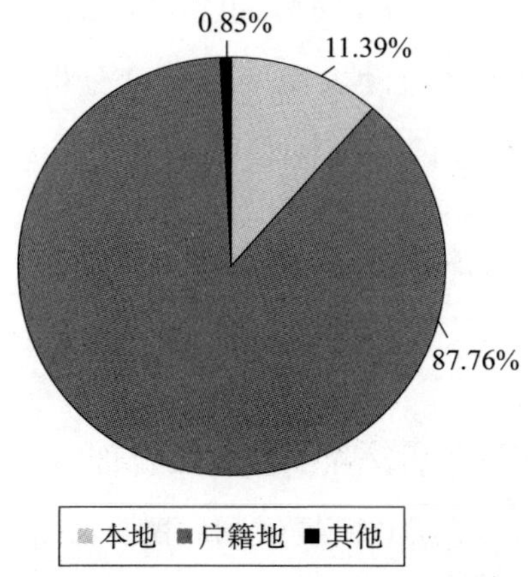

图 4－37　2015 年我国流动人口老人医疗保险参保地点情况

资料来源：国家科技基础条件平台——国家地球系统科学数据共享服务平台（http：//www. geodata. cn）。

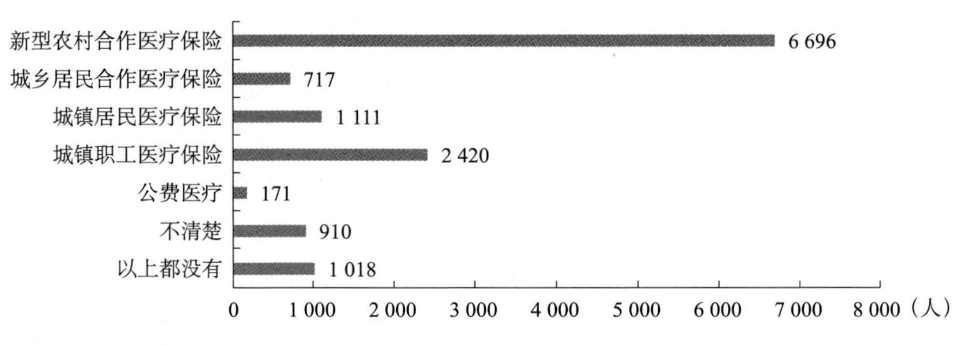

图4－38　2015年我国流动人口老人参加医疗保险情况

资料来源：国家科技基础条件平台——国家地球系统科学数据共享服务平台（http：//www.geodata.cn）。

综上所述，我国有关流动人口特别是来自农村的流动人口所需要的基本公共卫生及计划生育供给不足，因此，政府需要完善医疗保险制度，这有利于实现流动人口基本公共卫生服务均等化，从而实现流动人口社会融合，进而助力推动我国城镇化进程。

四、我国农民公共品供需存在问题及原因分析

工业化、城市化和现代化的进程推动了以农村青年劳动力为主的大规模人口流动，这是世界许多国家都曾经有过的历程。如此大规模的流动人口在成为我国经济发展和社会进步重要驱动力的同时，也给我国地方政府的有效管理带来很大挑战。本部分将从留守农民和流动农民两个角度分析我国公共品供需存在的问题，并深层次地探析背后的原因。

（一）我国留守农民公共品供需角度

1. 存在问题

（1）农业基础设施建设落后。除了城乡接合部和少数经济发达的地区以外，我国农业基础设施多由县乡基层政府提供和农民自身解决，国家则在一定范围内给予适当的补助。长期以来，政府财政农业投入严重不足，财政农业支出主要集中于农业生产支出，此外还以农业补贴等方式增加农民收入。然而，用于饮水安

全、农村道路、农村电力等农业生活性基础设施较少，导致农村水、电、路等基础设施供给不足，这限制了我国现代农业和现代农村的发展，不利于实施乡村振兴战略。

（2）基础教育投入不足，科技文化发展缓慢。2006年的新机制①运行、2007年的全部免除农村义务教育阶段学生学杂费、2010年的义务教育全面纳入财政保障范围等教育财政政策②均有效缓解经费短缺问题，减轻农民负担。近些年，农村义务教育经费占全部义务教育经费的比例不断下降，致使农村教育资金不足，从而导致了农村基础教育的办学软实力和硬实力远落后于城市，农村学校条件差，教学设施简陋，师资力量薄弱，教学质量差，学生失学辍学等问题的出现。此外，地方财力不足也限制科技、文化等发展。一方面，农业科技及有关信息已无法满足农民的需要；另一方面，农民自身文化水平低，加之地势偏远，科技人员投入不足，这明显不利于提升农业发展水平。

（3）农村公共卫生低质。我国卫生支出投入比重偏低，导致了农村医疗资源少、医疗配置水平低、农村卫生所医疗卫生条件差、医疗设备陈旧等问题。其中，医疗资源少主要体现在人力资源上，如多数乡村基层医疗卫生服务机构医疗技术人员学历低，医务人员水平有限，医疗队伍结构老化等。有些基层医院出现建设投入不足、病床数少等现象。此外，农村所提供的医疗服务层次较低，基层医疗服务机构一般接诊常见疾病的病人，对较大疾病需要转接上级医院。同时，我国大量疾病未列入医保范围，加之报销比例低、较高的医疗费用作为门槛，阻止了低收入群体接受良好的医疗服务。从整体上看，农村医疗卫生已无法满足农民的健康需要。

（4）社会保障水平低。农村社会保障体系包括农村社会保险、农村社会救助和农村社会福利。基于历史和客观条件等原因，我国也形成了城乡“二元”

① 新机制是指国务院印发的《关于深化农村义务教育经费保障机制改革的通知》，决定从2006年开始，用五年时间，按照“明确各级责任、中央地方共担、加大财政投入、提高保障水平、分步组织实施”的基本原则，逐步将农村义务教育全面纳入公共财政保障范围，建立中央与地方分项目、按比例分担的农村义务教育经费保障新机制。

② 2010年，《国家中长期教育改革和发展规划纲要（2010～2020年）》提出，将义务教育全面纳入财政保障范围，实施国务院和地方各级政府根据职责共同负担，省级人民政府负责统筹落实的投入体制。

化保障机制。近几年，国家出台了新农保、被征地农民社会保障、农民工社会保障、农村低保、农村五保等制度，有效缩小了城乡差距，但仍存在农民参保意识不强，农村社会保障覆盖率低、保障程度不够，农民资金筹措困难，社会保障管理混乱，缺乏法律保障等问题。此外，农村低保与农村社会救济、新农合与农村医疗救助、计划生育奖补政策等有待完善。总之，我国农村社会保障存在着保障水平低、社会化程度低、政府扶持力度小、覆盖范围窄、法律制度缺失等诸多问题。

2. 原因分析

（1）农村基层财政困难。农村公共品供给不足的主要原因是各个层级政府财政资金投入不足。我国绝大多数省份采用按税种划分收入，省与市县按比例分享收入稳定且较大的税种，而城建税、耕地占用税、印花税等较小的税种由市县独享。但是，县乡级政府承担了农村教育、农村社会保障与就业以及农林水事务等主要支出。县乡财政收支缺口与上级转移支付意图不明确导致农村基层财政困难与财政资金使用不规范。

（2）农村公共品供给缺乏有效的需求表达机制。政府基于业绩考核更倾向于基础设施建设等投资收益明显的公共品，而忽略教育、文化等高层次公共品供给，这与农民享受型消费和发展型消费需求的增加相矛盾。农民权利意识和政治参与意识薄弱等，缺乏社会组织性，相比于政府处于弱势地位，因此，未能有效表达公共品需求。此外，我国公共品呈现自上而下的供给模式，从而产生农村公共品供给模式滞后于农民升级的需求层次的问题。

（3）城乡二元经济结构。政府因有限财政以及官员考核的压力，更倾向于将资金用于城市化发展，而忽视基础教育、科技文化建设医疗等农村公共品供给，因此产生了差别性的城乡公共品供给政策。这削弱了农村发展的基础，也在一定程度上拉大城乡收入差距。此外，城乡分割的户籍制度让非农业户口主体享有城市高质量的教育与高水平的医疗等公共品，而农民工及其子女在流动过程中会因户籍制度而无权享受部分城市公共品。

（二）我国流动农民公共品供需角度

现阶段，随着流动农民家庭化趋势明显、在流入地定居意愿强烈，其对基本公共品的需求越来越大。但是，由于我国特有的户籍制度，大量流动农民无法享受到同本地户籍人口同样的公共服务，同时，以户籍制度为依托的公共品供给机制给地方政府逃避流动人口公共品供给责任提供了动力，造成了公共品供给不足、供给效率低等问题。

1. 存在问题

流动农民在流入地居住时间长期化、家庭化等趋势，导致他们对子女教育、医疗和社会保障等基本公共品的需求表现为由弱到强的发展势态，但受户籍制度和官员考核制度的影响，本地政府往往忽视流动农民的需求意愿，流动农民公共品供需不匹配问题凸显。具体情况如下。

（1）流动儿童义务教育服务供需不匹配。“教育的公平是最大的公平”，地方政府有义务向居民提供基础教育服务。随着流动农民对城市适应能力的增强，越来越多的流动人口子女（以义务教育阶段的儿童为主）随父母停留在城市，且规模迅速扩大。流动农民对随迁子女的教育给予了较高的期望，对义务教育服务的需求也越来越强烈。近几年，虽然国家高度重视流动儿童的教育问题，也出台了一系列政策和制度，例如在办学场地、办学经费、师资培训、教育教学等方面予以支持和指导。但是，仍有相当多的流动儿童被排斥在流入地义务教育服务覆盖范围之外，流动农民对义务教育服务的强烈需求与供给不足的情况仍未根本扭转。

（2）流动老人医疗服务供需不匹配。近些年，我国流动人口平均年龄持续上升，流动农民老龄化趋势明显，而且随着户籍管制的松动，人口还会持续增加。同时，随迁老人的人身体健康总体水平偏低，因此对当地预防、治疗和保健产品的需求越来越大。另外，人户分离导致流动老人既不能享受或顺利享受流出地的公共医疗服务，也没有资格享受流入地的公共医疗服务，据统计，我国流动老人的医疗保险的主要参保地点是户籍地，且以新型农村合作医疗保险为主，说明我国流动老人在流入地无法享受到流入地的公共医疗服务，公共医疗服务供给不足。

（3）流动农民就业保障服务供需不匹配。一是地方政府缺乏农民工职业技能培训和引导性培训，导致流动农民就业受到限制。为此，政府可扩大农村劳动力转移培训规模，提高培训质量，并充分利用广播电视和远程教育等现代手段，向农民工传授外出就业基本知识，提高农民工转移就业能力和外出适应能力。二是没有建立工资支付保障制度和最低工资制度，导致农民工工资偏低和拖欠问题。最近在长三角和珠三角一些城市出现的“民工荒”也能说明这一问题的严重性。三是流动农民受教育水平较低，进入城市后以从事第二产业、第三产业为主，部分农民工从事煤矿、建筑等高危产业，因此，2004 年劳动和社会保障部颁布了《关于农民工参加工伤保险有关问题的通知》，但到目前为止，流动农民工伤保险和失业保险等参保率仍较低。

2. 原因分析

出现以上问题的原因主要有以下几个方面。

（1）公共品需求表达机制和途径不健全。准确和全面了解流动农民对城市公共品的需求是实现城市流动人口公共品有效供给的前提条件。与私人产品不同，公共品的非排他性使其需求难以有效显示出来。一是主观原因，流动农民的受教育水平偏低，对公共品需求的权利意识不强，不敢表露自己真实的公共品需求。二是城市市民凭其合法的身份及与工作单位的紧密联系，可利用合法组织来保障和维护合法权益，但流动农民无法通过合法组织进行利益诉求，无法维护自身的社会保障利益及其他合法利益。三是不同类型的流动人口对公共品的需求偏好存在较大差异，本地公共品提供者难以将差异较大的需求偏好整合，进而无法进行公共品的有效供给。即使部分流动人口可以作为人大代表参与国家公共决策，但也不能真正反映多数流动人口的公共品需求偏好，也无法充分表达多数流动人口的利益诉求。

（2）以户籍制度为依托的地方公共产品供给机制。改革前，国家推行重工业优先发展战略，形成了与之配套的“统购统销政策”、人民公社体制、户口管理体制这“三驾马车”，共同阻碍了农民的流动，此时，我国公共品的受益地域与受益对象是一致的，即农村公共品等同于农民公共品，城市公共品等同于市民公共品。改革后，随着流动农民规模的不断扩大，人户分离现象突出，而以户籍制度为依托的地方公共品供给机制使得地方政府容易忽视流动人口的公共品需求，进行针对流动人口的公共品歧视供给，进而导致基础设施投资大，教育、医疗和社会保障等投入被挤占，从而造成流动农民的公共品偏好无法满足，帕累托公共资源配置效率难以进一步优化。

（3）供给责任不清，主体错位。在财政分权背景下，地方政府更接近居民的需求，因而被认为能更有效地提供公共品。在我国，财政分权赋予了地方较强的财政自主性，地方政府作为理性经济人，出于自身利益最大化的考虑，更倾向于促进基础设施建设等方面的投资，但对于无法招商引资或提高 GDP 的非经济公共品，则出现供给不足等问题。同时，大规模人口流动背景下，一方面人口流入地在享受人口红利的同时，却忽视了流动农民的公共品供给责任，致使流动人口外部性无法内在化；另一方面人口流出地作为流动人口公共的供给主体，不仅享受不到人口红利，还要承担供给责任，加大了当地政府财政压力，削弱了其经济发展的动力，由此造成我国地方经济发展差距不断扩大。

第五章　人口流动背景下农民公共品需求及供给影响因素的实证分析

本章为人口流动背景下农民公共品需求及供给的实证分析。本章首先通过建立面板模型，从交通通信、文教娱乐及服务、医疗保健等方面分析农村人口流动对农民公共品需求的影响；其次，通过建立空间面板模型，分别就流动农民与留守农民两个群体，探究人口流动对农民公共品有效供给的影响以及地区间的空间溢出效应，以探求农民公共品供需不平衡的原因。

一、农民公共品需求分析

（一）公共品需求函数

1. 模型基本假设

假定1：市场上存在一类公共品G，这类公共品完全是由政府提供，对应着相应的公共支出。

假定2：公共品G的供给成本是常数，居民承担的成本与总成本成比例。

假定3：居民了解自己的“税收价格”及需求偏好，并能够确定市场上公共品G的供给水平。

假定4：居民的效用函数为U(X，G)，其中，X为私人物品。

假定5：市场上公共品的供给水平等于具有中位收入的居民的需求量。

2. 基本模型

本书沿用博尔歇丁和迪肯（1972）以及博格斯特伦等（1973）基于中位选

民模型而设定的公共品需求函数。基于上述假定，居民 i 对公共品 G 的消费量为：

$$G_i = G \cdot N^{-\sigma} \tag{5-1}$$

其中，N 为总人口数量；σ 为公共品的拥挤系数。当 σ = 1 时，居民 i 对公共品 G 的消费量为 G/N，即仅为 G 的 1/N。此时，公共品 G 具有竞争性和排他性，属于私人物品。当 σ = 0 时，居民 i 对公共品 G 的消费量为 G。此时，公共品 G 具有非竞争性和非排他性，属于纯公共品。当 0 < σ < 1 时，居民 i 对公共品 G 的消费量在 1/N 和 G 之间。此时，公共品 G 具有非竞争性或非排他性，属于准公共品。

假定居民 i 的效用函数为线性函数，则：

$$U_i = (X_i, G_i) = X_i + G_i \tag{5-2}$$

假定公共品 G 的供给成本为公共支出 E，等于 P · G，其中，P 为公共品 G 的单位价格。则居民 i 的预算约束为：

$$\begin{aligned} &S.t.\ X_i + \alpha \cdot P \cdot G \leqslant Y_i \\ &\rightarrow X_i + \alpha \cdot P \cdot G_i \cdot N^{\sigma} \leqslant Y_i \end{aligned} \tag{5-3}$$

其中，α 为居民 i 承担的成本与公共品 G 的供给成本的比例；Y_i 为居民的收入水平。为追求效用最大化，需要满足的一阶条件为：

$$\begin{aligned} &\frac{\partial U_i}{G} = 0 \\ &\rightarrow \alpha = \lambda N^{-\sigma} \end{aligned} \tag{5-4}$$

这意味着居民 i 承担的税收价格与总人口数量成比例关系。进一步，令 e 等于人均公共支出，则可以表示为：

$$\begin{aligned} &e = \frac{E}{N} = \frac{P \cdot G}{N} = \frac{P \cdot G_i \cdot N^{\sigma}}{N} \\ &\rightarrow e = P \cdot G_i \cdot N^{\sigma-1} \end{aligned} \tag{5-5}$$

基于居民 i 的效用最大化问题，可知居民 i 对公共品 G 的消费量 G_i 是其收入水平 Y_i 和公共品 G 的单位价格 P 的函数：

$$G_i = F(Y_i, P) \tag{5-6}$$

假定该函数具有不变收入和价格弹性的 C－D 函数形式，则可以表示为：

$$G_i = c \cdot Y_i^{\theta} \cdot P^{\nu} \tag{5-7}$$

其中，θ 和 ν 分别表示收入弹性和价格弹性，$\theta>0$，$\nu<0$。将式（5－7）代入式（5－5），得到：

$$\begin{aligned} e &= P \cdot c \cdot Y_i^{\theta} \cdot P^{\upsilon} \cdot N^{\sigma-1} \\ \rightarrow e &= c \cdot Y_i^{\theta} \cdot P^{\upsilon+1} \cdot N^{\sigma-1} \end{aligned} \tag{5-8}$$

对式（5－8）两边同时取对数，得到：

$$\ln e = \ln c + (\upsilon+1)\ln P + \theta \ln Y_i + (\sigma-1)\ln N \tag{5-9}$$

式（5－9）为接下来农民公共品需求实证分析的基础模型。

（二）农民公共品需求的实证分析

1. 指标选取与数据来源

（1）人口流动。关于人口流动指标的测算，国内学者给出了不同的算法。李拓和李斌（2015）通过计算地区年度人口净流入（流出）量占地区常住人口的比例来表征地区人口流动，并设定了人口流入速度计算公式。周皓（2015）根据第五次人口普查资料中“省、自治区、直辖市的分性别及户口登记状况的人口”，将居住在本乡镇街道半年以上，户口在外乡镇街道，以及在本乡镇街道居住不满半年、离开户口登记地半年以上两类人口看作流动人口。张义博和刘文忻（2012）使用了城市化率和进城务工农村劳动力比例（城镇单位使用的农村劳动力人数占该省份农村总人口的比重）两个变量来衡量人口流动现象。

但是，总的来看，这些测算方法都具有一定的局限性。李拓和李斌（2015）的算法忽略了人口死亡率的影响，可能会导致人口流动指标偏大。周皓（2015）仅仅针对 2000 年全国普查数据，用到的是人口绝对量。这显然具有片面性，难以反映人口流动的变化特征。张义博和刘文忻（2012）城市化率的思路显然也是不科学的。因为城市化率仅仅指代农村人口向城市的流动，而并不包含城市和城市之间的流动。这就会低估人口流动指标。为不失一般性，本书采用付文林（2012）提出的计算公式：移民率＝1－住本乡、镇、街道，户口在本乡、镇、街道的人口数/抽样人口数。原因有二：首先，虽然这一指标的计算相对简单，但能充分反映人口流动的变化；其次，只有户籍在本地且居住在本地的人口才能享受到公共服务。基于此，考察人流动影响居民对地方公共品的需求时，这一指标更具有解释力。

（2）对地方公共品需求的指标。关于农村居民对地方公共品的需求，并没有官方的统计数据。有的学者采用实际调研数据，也有的学者采用实验经济学的方法来衡量。本书选取了农村居民的交通通信的需求、文教娱乐的需求以及医疗保健的需求来近似代替农村居民对地方公共品的需求。马斯洛需求理论认为在不同的阶段，居民因处于不同的生活水平，对于满足自身的需求也有不同层次的追求。为此，本书也对居民不同层次的需求进行了简要的划分：交通通信的需求代表了居民的基本生活需求，医疗的需求代表了居民的发展需求，而文教娱乐需求代表了居民更高层次的需求。

（3）其他指标。关于农村居民收入指标，本书采用的是农村居民的人均纯收入；总人口即为乡村人口；GDP 增速的选取指标为 GDP 增长率的对数。

（4）数据的处理。本书采用的是 2002 ~ 2013 年的省际面板数据[①]，为剔除价格因素的影响，以 2002 的居民消费价格指数为基期，对农村居民的交通通信、医疗保健、文教娱乐等三类消费支出以及人均纯收入进行了消胀处理。农村居民的交通通信消费支出、医疗保健消费支出以及文教娱乐消费支出数据来源于《中国统计年鉴》，2010 年的住本乡、镇、街道，户口在本乡、镇、街道的人口数以及人口抽样数据来源于第六次人口普查。其余数据均来源于《中国统计年鉴》（2003 ~ 2014 年历年）、《中国人口和就业统计年鉴》（2003 ~ 2014 年历年）、CE-IC 经济数据库。其中由于西藏数据异常，最终得到 N 为 30、T 为 10 的共 2 100 个观察值的平衡面板数据。

---

① 由于 2014 年的中国统计年鉴对农村居民的收入做出了调整，不再统计人均纯收入，而改为人均可支配收入。根据统计年鉴中的指标解释，居民可支配收入指居民可用于最终消费支出和储蓄的总和，即居民可用于自由支配的收入。既包括现金收入，也包括实物收入。按照收入的来源，可支配收入包含四项，分别为：工资性收入、经营性净收入、财产性净收入和转移性净收入。而农村居民家庭纯收入指农村住户当年从各个来源得到的总收入相应地扣除所发生的费用后的收入总和。因此，这两个指标存在显著差异。为保证回归结果的稳健性，本书采用的数据只能更新到 2013 年。

2. 模型的选取

本书选取的数据为30个省级面板数据，因此需要建立面板数据模型。面板数据模型包括混合模型、固定效应模型以及随机效应模型。其中，混合模型的假设条件是模型中的不同个体与时间的截距项均是相同的。固定效应模型分为个体固定效应、时点固定效应模型与双固定效应模型。其中，个体固定效应的假设是不同个体的截距项不同，与时间无关；时点固定效应假设是不同时点的截距项相同，而与个体没有关系；双固定效应指不同的个体与时点的截距项均不同。随机效应模型分为个体随机效应模型和时点随机效应模型。其中，个体固定效应模型假设随机变化当中的个体影响与模型中的解释变量不相关。在本书中，主要探究的是各省之间的差异性，即主要研究的是不同个体之间的差异。因此，本书在模型的选择方面主要研究的是在混合模型、个体固定效应模型以及个体随机效应模型之间进行选择。

在面板数据的建模之前，首先需要对建立何种模型进行判别。通常的方式是运用F检验和H（Hausman）检验进行判别并选择出最适合的模型进行模拟。

（1）F检验。F检验通常用来检验一组面板数据应该建立混合模型还是个体固定效应模型。原假设为混合模型，即模型中不同个体的截距项是相同的。备择假设为个体固定效应模型，即不同个体的截距项不同。其统计量的形式为：

$$F=\frac{(RSS_{pooled}-RSS_{efe})/(N-1)}{RSS_{efe}/(NT-N-k)}$$

其中，RSS_{pooled}为混合模型的残差平方和；RSS_{efe}为个体固定效应模型的残差平方和；N为个体的数量；T为时期的数量；K为个体固定效应模型当中回归系数的个数。

如果用样本计算的统计量F存在$F\leqslant F_{\alpha}(N-1,NT-N-k)$，本书则接受原假设，建立混合模型；反之，拒绝原假设，建立个体固定效应模型。

因此，本书在进行建模之前，先进行了F检验来对模型进行判别，检验结果见表5-1。

当被解释变量为各省份的交通运输的消费时，各估计结果在1%的条件下是显著的，其组间、组内以及总体的 R^2 值分别为 0.430 4、0.096 5 以及 0.265 6。F（29，297）统计量的检验结果为 10.05，大于临界值 1.15。因此，本书拒绝各省份在各省居民在迁移率、纯收入、GDP 增速对于交通通信需求的影响截距项相同的假设，模型存在个体固定效应。

同理，当被解释变量为各省份的医疗保障需求时，各估计结果在 1% 的条件下均为显著的。其组间、组内以及总体的 R^2 值分别为 0.659 7、0.099 8 以及 0.344 1；被解释变量为各省的文教娱乐需求时，其组间、组内以及总体的 R^2 值分别为 0.577 7、0.062 5 以及 0.048 6。两者的 F（29，297）统计量的检验结果分别为 6.08 和 46.34，均大于临界值 1.15。因此，本书拒绝各省份在各省农村居民在迁移率、纯收入、GDP 增速对于医疗保障和文教娱乐的需求的影响截距项相同的假设，模型存在个体固定效应。通过 F 检验的初步判断，可以断定，各省份农村居民的迁移率、纯收入、GDP 增速对交通运输、医疗及文教娱乐消费需求的影响具有一定的差异性，其截距项不同。

表 5-1　　公共品需求函数的 F 检验

项目	交通	医疗	教育
常数项	12.600 9*** (8.62)	15.982 3*** (15.31)	-100.923 9*** (-5.99)
迁移率	-5.866 6*** (-4.17)	-10.514 9*** (-10.46)	174.762 1*** (10.78)
纯收入	0.000 5*** (14.48)	0.000 5*** (19.66)	-0.008 3*** (-22.38)
GDP 增速	0.043 6*** (3.57)	-0.009 1*** (-1.04)	-0.913 3*** (-6.48)
sigma_ u	1.320 8	1.864 3	15.250 3
sigma_ e	1.105 3	0.789 2	12.728 3
rho	0.588 1	0.848 0	0.589 4
F	10.050 0	46.340 0	6.080 0

注：表中括号中数值为 t 值，***、** 和 * 分别表示在 1%、5% 和 10% 的统计水平上显著。

（2）H 检验。H 检验是豪斯曼（Hausman，1978）提出的，他认为固定效应模型对个体的差异性分析过于简单，并且在估计固定效应模型时，其自由度损失过多，因此，应该把个体的影响处理成为随机的效应。但是，在个体随机效应模型中假设随机变化当中的个体影响与模型中的解释变量不相关，在实际的模型当中，这种假设很难满足。因此，豪斯曼随后对于究竟如何在两者之间进行选择提出了一种统计检验方法即 Hausman 检验。其原假设为个体随机效应模型，备择假设为个体固定效应模型。其统计量的形式为：

$$H = [\beta_{efe} - \beta_{ere}]'var[\beta_{efe} - \beta_{ere}]^{-1}[\beta_{efe} - \beta_{ere}] \sim \chi^2(n)$$

其中，β_{efe}为个体固定效应模型的回归系数估计结果；β_{ere}为个体随机效应模型的回归系数估计结果；n 为个体固定效应模型中回归系数的个数。在原假设成立时，该统计量渐进服从 $\chi^2(n)$ 分布。

如果用样本计算的统计量 H 存在 $H \leq \chi^2_\alpha(m)$，本书则接受原假设，建立个体随机效应模型；反之，拒绝原假设，建立个体固定效应模型。

本书在进行了 F 检验拒绝了混合效应模型的假定之后，需要对模型进行 Hausman 检验，以判定是建立个体随机效应模型还是个体固定效应模型。当被解释变量为各省份的交通运输的消费时，检验结果如表 5 -2 所示，分别将迁移率、纯收入以及 GDP 增速对各省份交通通信需求的影响在个体固定效应以及个体随机效应下进行回归，对比其中的差距，可以看到，除了纯收入两者之间的差距仅为 4.57E -06 以外，两者回归的结果系数之间都具有较为明显的差距，常数项系数差为 3.060 0，迁移率系数的差为 -2.903 9，GDP 增速系数的差为 -0.005 2。而其 Hausman 检验结果为 11.15，大于 $\alpha = 0.05$ 的临界值 7.82。因此，本书拒绝各省份农村居民在迁移率、纯收入、GDP 增速对于交通运输的影响具有个体随机效应的假设，模型存在个体固定效应。

同理，当被解释变量为各省份的医疗需求时，除了纯收入两者之间的系数差距不大为 -0.001 7，其常数项以及迁移率的系数都有 100 左右的差距。被解释变量为各省份的文教娱乐需求时，也是除了纯收入系数差距不明显为 5.98E -06 外，其他的系数都有较为明显的差距。被解释变量为各省的医疗需求和文教娱乐需求时（检验结果见表 5 -3 和表 5 -4），其 Hausman 检验结果分别为 101.95 和 11.32，分别大于 $\alpha = 0.01$ 和 $\alpha = 0.05$ 临界值 11.35 和 7.82。因此，本书拒绝各省份居民在迁移率、纯收入、GDP 增速对于医疗需求和教育需求的影响具有个体随机效应的假设，模型存在个体固定效应。

表 5-2 交通通信需求的 Hausman 检验

项目	fe	re	difference	S. E.
常数项	12.600 9	9.540 9	3.060 0	0.946 7
迁移率	-5.866 6	-2.962 7	-2.903 9	0.918 9
纯收入	0.000 5	0.000 5	4.57E-06	5.79E-06
GDP 增速	0.043 6	0.048 8	-0.005 2	0.001 8
Hchi2 (3)	11.150 0			
Prob > chi2	0.011 0			

表 5-3 医疗保健需求函数的 Hausman 检验

项目	fe	re	difference	S. E.
常数项	15.982 3	14.708 4	1.273 8	0.327 6
迁移率	-10.514 9	-9.288 9	-1.226 0	0.407 8
纯收入	0.000 5	0.000 4	5.98E-06	2.12E-06
GDP 增速	-0.009 1	-0.006 8	-0.002 3	0.000 7
Hchi2 (3)	11.320 0			
Prob > chi2	0.010 1			

表 5-4 文教娱乐需求函数的 Hausman 检验

项目	fe	re	difference	S. E.
常数项	-100.923 9	-5.996 5	-94.927 4	18.303 6
迁移率	174.762 1	74.235 7	100.526 4	17.506 8
纯收入	-0.008 3	-0.006 6	-0.001 7	0.000 2
GDP 增速	-0.913 3	-0.885 2	-0.028 0	0.055 6
Hchi2 (3)	101.950 0			
Prob > chi2	0.000 0			

本书通过进行 F 检验和 Hausman 检验，分别拒绝了模型为混合模型和个体随机效应模型的假定，各省居民的迁移率、纯收入、GDP 增速对交通通信、医疗保健和文教娱乐需求的影响应当分别建立个体固定效应的模型。

3. 实证结果分析

本书通过上述分析，建立个体固定效应模型，并用 Stata14 进行面板数据回归，可得出如下回归结果。从总体上来看，各个方程对观测值的拟合都非常好；各个方程的系数都是在 1% 的条件下显著的。因此，本书的研究结论是稳健的。从表 5－5 中的估计结果来看，农村居民的迁移率对交通通信的影响是负向的，而农村居民的纯收入与 GDP 增速对于交通通信的需求的影响是正向的；农村居民迁移率与 GDP 增速对于医疗的影响是负向的，纯收入对医疗的影响是正向的；农村居民迁移率对于教育的影响是正向的，纯收入与 GDP 增速对教育的影响是负向的。

表 5－5　地方公共品需求函数的估计结果

项目	交通	医疗	教育
常数项	12.600 9*** (7.90)	15.982 3*** (12.61)	－100.923 9*** (－4.52)
迁移率	－5.866 6*** (－3.51)	－10.514 9*** (－8.16)	174.762 1*** (8.04)
纯收入	0.000 5*** (9.59)	0.000 5*** (10.49)	－0.008 3*** (－16.00)
GDP 增速	0.043 6*** (4.79)	－0.009 1*** (－11.35)	－0.913 3*** (－7.86)
sigma_ u	1.320 8	1.864 3	15.250 3
sigma_ e	1.105 3	0.789 2	12.728 3
rho	0.588 1	0.848 0	0.589 4

注：表中括号中数值为 t 值，***、** 和 * 分别表示在 1%、5% 和 10% 的统计水平上显著。

从各因素对基础交通通信需求的影响来看，迁移率对交通通信需求的影响为负，其影响系数为 －5.866 6。可见迁移率越高的地区，农民对交通通信的需求越少。这表明，在农村居民迁移率比较高的地区，其交通通信比较完备，覆盖面比较广，相对来说，此地区的农村居民不用耗费太多去满足其基本的交通通信的需要。纯收入对交通通信的影响为正，其影响系数为 0.000 5。这表明，在纯收入比较高的地区，农村居民的出行需求越高，且当农村居民的纯收入增加时，农民也会花更多的时间与家人、朋友等进行信息交流，这些都会大幅增加农村居民在交通通信方面的消费。因此，可得出纯收入越高的地区，农村居民对交通通信的需求越高的结论。GDP 增速对交通通信需求的影响为正，其系数为 0.0436，即经济发展较为迅速的地区，居民对交通通信的需求相对较高。显然，经济发展较快的地区，当地农村居民生活水平也在显著上升，他们为加追求高质量的交通通信服务，相对地会加大消费投入力度。

从各因素对基础医疗需求的影响来看，迁移率对于基础医疗需求的影响为负，其影响系数为 -10.514 9。可见迁移率高的地区，居民对基础医疗的需求相对较低。在迁移率高的地区，基础医疗的发展较为完备，当地农村居民无须过多支出来满足基本的医疗需求，这种结果显然是符合现实的。纯收入对基础医疗的影响为正，其影响系数为 0.000 5。当农村居民的纯收入升高时，农村居民为提高身体素质，在高质量医疗服务方面会有所投入，而纯收入较低地区的农村居民，可满足基本医疗服务，却无法投入更多资金以获取高质量医疗服务。此外，GDP 增速对基础医疗需求影响为负，其系数为 -0.009 1，即经济发展较为迅速的地区，当地的基础医疗的整体覆盖率比较高，政府有更多的资金投入在基础医疗，因此，经济发展较快的地区，农村居民自身对基础医疗的投入会有所下降。

从各因素对教育文娱需求的影响来看，迁移率对教育文娱需求的影响为正，其影响系数为 174.762 1。可见农村居民迁移率高的地区，农村居民对教育文娱的需求相对较高。这反映出，在迁移率比较高的地区，农村居民在教育文娱的消费更高一些。伴随人口流入，教育资源出现拥挤效应，为培育子女获得更高层次的教育，当地农村居民会增加教育文娱方面的投入。纯收入对教育文娱的影响为负，其影响系数为 -0.008 3。纯收入较高的地区，地方政府所提供的娱乐设施也自然比较完备，教育资源也比较优渥，可以满足当地居民的需求，为此，农村居民在教育文娱方面的私人投入相对较低。GDP 增速对教育文娱的需求影响为负，其系数为 -0.913 3，即在经济发展较为迅速的地区，当地政府在教育方面的支持力度越大，自然当地的农村居民在教育方面的需求与支出会相对减少。

以上分析表明，迁移率、GDP 增速以及农村居民的纯收入对于公共品的需求都是有显著影响。但是，不同因素对居民需求的影响方向不同，影响的大小程度也不同。总体来说，经济发展较为迅速的地区，农村居民对于交通通信的需求较高；农村居民的纯收入较高的地区，农村居民对于交通通信和基础医疗的需求较高，而对于迁移率比较高的地区，农村居民对于文教娱乐的需求相对较高。可以看出，不同因素的变动，对农村居民对公共品的需求影响各有侧重，在促进当地经济效率提升的同时，也当满足当地农村居民相应的需求。

二、农民公共品供给分析

（一）模型简介

传统的计量模型假设研究个体之间在空间上是独立不相关的，而构建空间计量模型打破了这种假设，因为该模型考虑到了经济变量之间在空间上的相关性。即空间计量模型是考虑了经济变量空间效应并进行模型设定、估计、检验以及预测的计量经济学方法（Anselin，1988）。其中，运用面板数据构建的空间计量模型称为空间面板数据模型。

这种经济变量间的相互依赖关系可以划分为三种基本的形式（Anselin，1988），单由被解释变量之间互相影响产生了空间依赖从而具有空间相关性，以此建立的空间计量模型为空间滞后模型（SAR），单由模型误差项之间存在空间依赖从而产生空间相关，为此建立的空间计量模型为空间误差模型（SEM），而若被解释变量之间和误差项之间均存在空间相关性，由此建立的模型则称为空间杜宾模型（SDM）。其中，空间杜宾模型（SDM）是空间滞后模型和空间误差模型的一般形式，由于其能够更全面地测算出经济变量间可能存在的空间溢出效应，因此被研究空间计量的学者广为运用。因此，本部分主要介绍空间杜宾模型。

1. 空间计量模型简介

空间杜宾模型（SDM）的基本设定为：

$$y_{it} = \rho\sum_{j=1}^{N}\omega_{ij}y_{jt} + \theta\sum_{j=1}^{N}\omega_{ij}x'_{jt} + x'_{it}\beta + \mu_{it}, i = 1,\cdots,N, t = 1,\cdots,T \quad (5-10)$$

$$\mu_{it} = \lambda \sum_{j=1}^{N} \omega_{ij} \mu_{jt} + \varepsilon_{it}, i = 1, \cdots, N, t = 1, \cdots, T \tag{5-11}$$

其中，y_{it}表示被解释变量向量，维度为 $N \times 1$；x'_{it}表示外生解释变量矩阵，维度为 $N \times K$；β 表示解释变量前的回归系数，维度为 $N \times 1$；ρ 为空间滞后系数，表示空间因素对经济变量的影响程度；θ 表示相邻地区的解释变量对本地区解释变量的影响程度；ω_{ij}为空间权重矩阵，表示的是被解释变量的空间加权的权数；ε_{it}为满足经典假设的扰动误差项，即 $\varepsilon_{it} \sim N(0, \sigma^2 I_N)$；λ 为空间自相关系数，表示空间因素对经济变量的影响程度；N 为样本个体的数量，T 为样本的时间维度。

空间滞后模型（SAR）则指当 $\lambda = 0$ 时，不存在随机扰动的空间相关；空间误差模型则是当 $\theta = 0$ 时，不存在解释变量的空间相关。

2. 空间权重矩阵

不同个体之间空间相关关系不同，通常采用空间权重矩阵进行来体现这种差异性。根据研究个体及变量的不同，空间权重矩阵的构建方法具有一定的差异性。空间权重矩阵主要分为基于邻接关系的空间权重矩阵、基于地理关系的空间权重矩阵以及在以上两种矩阵基础上的拓展空间权重矩阵。其中，基于邻接关系的空间权重矩阵作为常用，因此，本部分主要介绍基于邻接关系的空间权重矩阵。

基于邻接关系的空间权重矩阵又被称为空间邻接权重矩阵，该矩阵假设地理位置邻接的地区之间具有空间相关性，反之则不具有空间相关性。其空间权重矩阵的表达设定规则如下：

$$\omega_{ij} = \begin{cases} 1 & \text{地区 } i \text{ 与 } j \text{ 相邻} \\ 0 & \text{地区 } i \text{ 和 } j \text{ 不相邻或 } i = j \end{cases} \tag{5-12}$$

3. 空间相关性检验

在进行空间计量模型分析之前，要确定被观测值之间是否具有空间相关性，就要进行空间相关性的检验。截至目前，主要用来检验空间相关性的方法有 Moran's I 检验、拉格朗日乘数（LM）检验、似然比（LR）检验和沃尔德

(Wald) 检验。本部分主要介绍 Moran's I 检验和拉格朗日乘数 (LM) 检验。

(1) Moran's I 检验。Moran's I 的检验统计量是较为常用的全局自相关的检验指标，其表达式如下所示：

$$\text{Moran's I} = \frac{\sum_{i=1}^{n}\sum_{j=1}^{n}\omega_{ij}(Y_i - \overline{Y})(Y_j - \overline{Y})}{S^2\sum_{i=1}^{n}\sum_{j=1}^{n}\omega_{ij}} \tag{5-13}$$

其中，$S^2 = \frac{1}{n}\sum_{i=1}^{n}(Y_i - \overline{Y})^2$；$\overline{Y} = \frac{1}{n}\sum_{i=1}^{n}Y_i$，$Y_i$ 为观测值，其中 i 表示第 i 个地区；n 为总的地区数量；ω_{ij}为空间权重矩阵。标准化后的 Moran's I 值为：

$$Z = \frac{\text{Moran's I} - E(I)}{\sqrt{VAR(I)}} \tag{5-14}$$

其中，$E(I) = -\frac{1}{n-1}$；$VAR(I) = \frac{n^2\omega_1 + n\omega_2 + 3\omega_0{}^2}{\omega_0{}^2(n^2-1)} - E^2(I)$；$\omega_0 = \sum_{i=1}^{n}\sum_{j=1}^{n}\omega_{ij}$；$\omega_1 = \frac{1}{2}\sum_{i=1}^{n}\sum_{j=1}^{n}(\omega_{ij} + \omega_{ji})^2$；$\omega_2 = \sum_{i=1}^{n}\sum_{j=1}^{n}(\omega_{i.} + \omega_{.j})^2$；$\omega_{i.}$ 和 $\omega_{.j}$表示空间权重矩阵中第 i 行和第 j 列的元素之和。

Moran's I 统计量的值在 -1 与 1 之间，越接近于 0 则表示越不具有空间相关性；越接近 -1 则代表观察值之间具有强烈的空间负相关性，即存在“高低”或“低高”集聚；越接近 1 代表观察值之间具有强烈的空间正相关，即存在“高高”或“低低”集聚的特性。

(2) LM 检验。LM 检验主要分为对空间滞后和空间误差的空间相关性进行检验 (Burridge，1980；Anselin，1988)。其基本表达式如下：

$$LM - lag = \frac{(\hat{e}'Wy/\hat{\sigma}^2)^2}{NJ} \tag{5-15}$$

$$LM - error = \frac{(\hat{e}'W\hat{e}/\hat{\sigma}^2)^2}{T} \tag{5-16}$$

其中，$J = (N\hat{\sigma}^2)^{-1}[(WX\hat{\beta})'M(WX\hat{\beta}) + T\hat{\sigma}^2]$；$M = I - X(X'X)^{-1}X'$；$T = trace(WW + W'W)$。尽管以上两个统计量均服从 $\chi^2(1)$ 分布，但是由于两个检验之间并不是独立的，而稳健的 LM 检验 (Anselin、Florax，1995) 能够消除这

种影响。其表达式如下：

$$\mathrm{LM-lag_{robust}}=\frac{(\hat{e}'Wy/\hat{\sigma}^2-\hat{e}'W\hat{e}/\hat{\sigma}^2)^2}{NJ-T} \tag{5-17}$$

$$\mathrm{LM-error_{robust}}=\frac{(\hat{e}'W\hat{e}/\hat{\sigma}^2-T(NJ)^{-1}\hat{e}'Wy/\hat{\sigma}^2)^2}{T[1-T(NJ)]^{-1}} \tag{5-18}$$

以上两个表达式能够更加稳健地检验空间相关性，消除两个检验之间的互相影响。

（二）流动农民公共品供给分析

1. 指标选取与数据来源

（1）指标选取。被解释变量。本书选取了全国30个省级行政单位2007～2016年的地方政府文化体育与传媒支出占比、地方政府教育支出占比、地方政府医疗卫生支出占比、各省份实际GDP、各省份迁移人口、各省转移支付率、各省份对外开放程度以及各省份总抚养比等数据。其中本书的被解释变量为pub1，是在不同的地方政府支出占比数据的基础上利用主成分分析法试图建立一个能够反映政府对流动农民公共品供给的综合指标。

主成分分析是将原来众多具有一定相关性的信息，重新组合成一组新的相互无关的综合指标，来替代初始指标的一种探索性统计分析方法。其利用降维思想，将多个变量化为少数几个互不相关的主成分，从而描述数据集的内部结构。

本书首先分别对地方政府文化体育与传媒支出占比、地方政府教育支出占比、地方政府医疗卫生支出占比三个变量数据进行标准化处理后，运用Stata14自带的pca命令对三个变量进行主成分分析，得到方差分解主成分提取分析表和初始因子载荷矩阵。

主成分个数提取原则主要包括两个标准：一是主成分对应的特征值大于1；二是前m个主成分累计贡献率大于70%。根据两个判断准则可知，选取两个主成分即可代表原始数据74%的信息。根据载荷矩阵得到的两个主成分得分如表5－6所示。

表 5 - 6 主成分分析结果

主成分	文化体育与传媒支出	教育支出	医疗卫生支出
主成分 1	-0. 358 4	0. 560 1	0. 746 9
主成分 2	0. 795 7	0. 601 7	-0. 069 4

然后根据每个主成分的贡献比率可以得到衡量政府对流动农民公共品供给的综合指标：

$$\text{Pub1} = 0.3971 \times \text{主成分} 1 + 0.3511 \times \text{主成分} 2$$

核心解释变量。本书主要解释变量为人口流动规模，参考付文林（2012）、董理和张启春（2014）、甘行琼和刘大帅（2015）的研究，为同时明确人口流动的规模和方向，本书将采用常住人口数与户籍人口数的差值作为衡量人口流动的指标，指标大于零为人口流入地、指标小于零为人口流出地。

控制变量。参考江依妮（2013）、李拓和李斌等（2016）等相关文献，本书考虑了如下若干控制性变量：第一，实际 GDP，用来衡量各地区的实际经济发展水平，依据瓦格纳法则，经济发展水平越高，地方公共支出水平越高，同时该指标以 2007 年为基期进行平减；第二，转移支付占比，参考乔宝云和范剑勇等（2006）对转移支付的衡量，即地方财政支出与地方财政收入的差值占地方财政支出的比重来粗略估计各省的转移支付情况；第三，总抚养比，指老年人口抚养比与少年儿童抚养比之和；第四，对外开放程度，指地区年末进出口额之和与 GDP 之比。

本书采用 2007 ~ 2016 年我国 30 个省区市的面板数据，实证模型中所使用经济变量的描述性统计情况如表 5 - 7 所示。

表 5 - 7 相关变量的描述性统计

变量	符号	变量名称	观测数	均值	标准差	最小值	最大值
被解释变量	pub1	流动人口公共品供给	300	7. 76	1. 07	5. 33	10. 03
主要解释变量	mig	流动人口	300	-35. 36	595. 07	-1 838	1 958
控制变量	pgdp	实际人均 GDP	300	12 604. 58	10 626. 54	611. 65	58 409. 84
	tp	转移支付占比	300	48. 21	19. 77	4. 91	85. 17
	open	开放程度	300	4. 64	5. 51	0. 48	24. 44
	dro	总抚养比	300	35. 54	6. 53	19. 30	55. 10

首先由本书的被解释变量和解释变量的最值可知（见表5－7），各省区市的公共服务支出、人口流动规模、经济发展水平等方面均存在较大差异性；其次依据被解释变量与解释变量的平均值、标准差可知，各变量的平均值大于标准误差，说明观测数据离散程度较低，其具备进行建模分析的价值和必要性。

（2）数据来源。本书原始数据均来源于《中国统计年鉴》（2008～2017年历年）、《中国人口和就业统计年鉴》（2008～2017年历年）、CEIC经济数据库。此外，本书所有价格变量，如GDP变量均以2007年为基期进行平减。其中，由于西藏数据异常，最终得到N为30，T为10的共2 100个观察值的面板数据。

2. 空间相关性检验

（1）全局Moran's I检验。根据空间计量经济学原理，在用空间计量模型对我国30个省区市的流动农民公共品供给水平进行分析时，首先需检验地方政府对流动农民公共品供给是否存在空间自相关性。本书采取地理邻接权重矩阵对中国30个省区市的流动农民公共品供给水平数据进行地理空间上的全局空间自相关检验，结果见表5－8。

表5－8　2007～2016年全局Moran I的I值和Z值

年份	2007	2008	2009	2010	2011	2012	2013	2014	2015	2016
I	0.022	0.059	0.031	0.109	0.233**	0.198**	0.248**	0.299***	0.178**	0.280***
Z	0.462	0.755	0.536	1.155	2.150	1.877	2.293	2.691	1.717	2.523

注：表中***、**和*分别表示在1%、5%和10%的统计水平上显著。

表5－8显示，根据地理邻接权重矩阵计算的中国2007～2016年地方政府公共品的Moran指数分别为：0.022、0.059、0.031、0.109、0.233、0.198、0.248、0.299、0.178、0.280。这表明：虽然2011年以前我国地方政府对流动农民的公共品供给不存在空间相关性，但从时间跨度来看，Moran指数逐渐由不显著转变为显著且总体呈现递增趋势（见图5－1），因此，从整体上来看，我国30个省区市历年流动农民公共品供给水平在空间分布上存在显著的正相关关系，表

现为相似值之间的空间集群，即具有较高水平的流动农民公共品供给相对地与较高水平的流动农民公共品供给相邻近，较低水平的流动农民公共品供给相对地与较低水平的流动农民公共品供给相邻近。因此，在研究省级地方对流动农民公共品供给水平问题时，空间效应不容忽视。

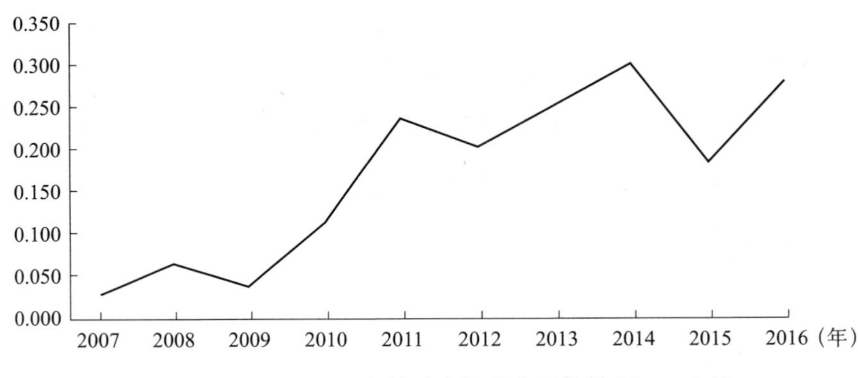

图 5－1　2007～2016 年流动农民公共品供给 Moran I 值

（2）局部 Moran's I 检验。本书选用 2016 年全国 30 个省区市的 Moran 散点图进一步分析局部空间的异质性。图 5－2 为流动农民公共品供给综合指标的 Moran 散点图，其表现形式为笛卡尔直角坐标系，其横坐标为个单元标准化处理后的属性值（pub1），纵坐标代表经过标准化处理过的周围地区属性值的平均值。散点图的四个象限按其性质分为“高高”（第一象限）、“低高”（第二象限）、“低低”（第三象限）、“高低”（第四象限）。“高高”表示某一空间单元和周围单元的属性值都较高，该单元与周围单元组成的子区域即为通常所说的热点区，“低低”的含义则与之相反，落入这两个象限的空间单元存在较强的空间正相关性，即有均质性。“高低”表示某一空间单元属性值较高，而周围单元较低，“低高”则与此相反，落入这两个象限的空间单元表明存在较强的空间负相关，即异质性突出。Moran 散点图显示，大部分省份位于第一象限和第三象限，也就是说对流动农民公共品供给高的省份大多被高的省份包围，低的省份大多被低省份的包围，对流动农民的公共品供给呈现空间上的集聚效应。更为直观的是，同一象限中聚集的省份几乎全是地理上较为亲近的，比如东三省、长三角部分地区或者有着相同性质的省份，比如都是人口迁入地或者人口迁出地。

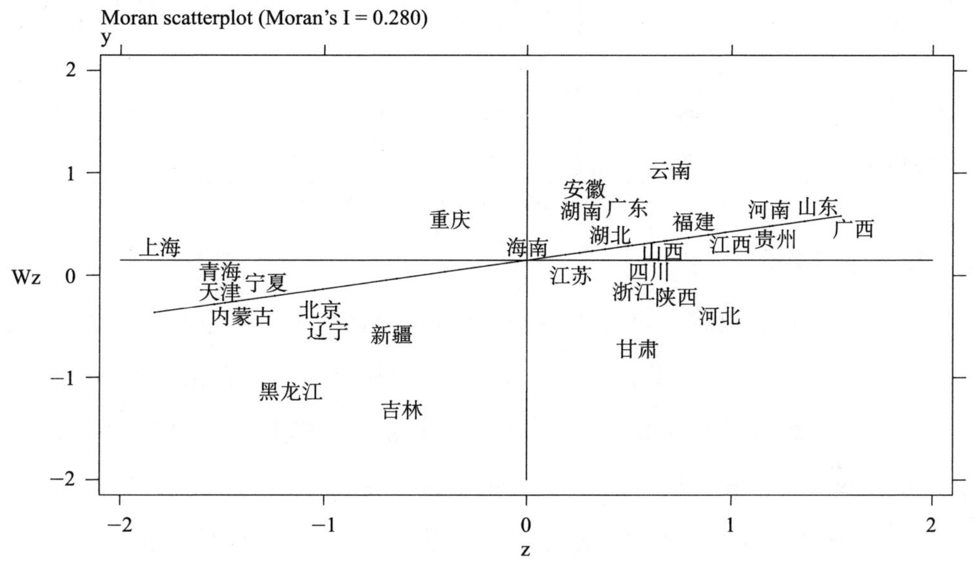

图 5－2　2016 年流动农民公共品供给 Moran 散点图

（3）LM 检验。为了在不同的空间计量模型中进行选择，安瑟林和弗洛拉克斯（1995）提出了一个判别标准，若在（Robust）LM 检验中发现 LM－lag 统计量比 LM－error 统计量显著，且 Robust LM－lag 统计量显著、Robust LM－error 统计量不显著，则可以判定空间滞后模型（SAR）更合适；相反若在（Robust）LM 检验中发现 LM－error 统计量比 LM－lag 统计量显著，且 Robust LM－error 统计量显著、Robust LM－lag 统计量不显著，则可以判定空间误差模型（SEM）更合适。

表 5－9 描述了农村公共品供给的 LM 检验结果，为获得更加稳健的结果，本书分别对混合面板模型（模型 1）、空间固定效应模型（模型 2）、时间固定效应模型（模型 3）、双固定效应模型（模型 4）进行估计。从模型 1、模型 2 与模型 4 的估计结果来看，农村公共品供给具有显著的空间滞后效应，应选择空间滞后模型进行估计。

表 5-9　　流动人口公共品供给模型的 LM 检验结果

统计量	*模型1*	*模型2*	*模型3*	*模型4*
LM - lag	10.764 5 ***	24.102 5 ***	1.205 7	5.999 **
LM - error	4.457 1 **	11.360 4 ***	0.087 5	0.851 4
Robust LM - lag	9.404 4 ***	14.15 ***	3.659 9 *	13.994 2 ***
Robust LM - error	3.097 0 *	1.407 9	2.541 7	8.846 6 ***

注：表中 ***、** 和 * 分别表示在 1%、5% 和 10% 的统计水平上显著。

3. 实证结果分析

虽然通过以上（稳健的）LM 检验可以初步判断模型具有空间滞后效应还是空间误差效应，为模型选择提供一定依据，但局限性较大，存在诸多不确定性，因此还应通过 Wald 检验和 Hausman 检验来确定最终的模型形式。其中 Wald 检验分别为有量 Wald - spatial - lag 和 Wald - spatial - error 两个统计，前者的原假设是空间杜宾模型可简化为空间滞后模型，后者的原假设是空间杜宾模型可简化为空间误差后模型；Hausman 检验的原假设为模型包含随机效应。从表 26 的检验结果中可以看出：首先，五个回归模型 Wald 检验的两个统计量均显著拒绝原假设，即空间杜宾模型既不能简化为空间滞后模型也不能简化为空间误差后模型，因此本书最终选择空间杜宾模型；其次，五个回归模型 Hausman 检验的结果均通过显著性检验，即认为模型应包含固定效应。综上，基本模型设定为：

$$pub1_{it} = \alpha + \rho\sum_{j=1}^{N}\omega_{ij}pub1_{it} + \theta\sum_{j=1}^{N}\omega_{ij}X_{it} + \beta' X_{it} + \mu_j + \lambda_t + \varepsilon_{it} \quad (5-19)$$

$$X_{it} = (mig_{it}, gdp_{it}, tp_{it}, open_{it}, dro_{it})'$$

其中，ρ 为空间相关性系数，即被解释变量空间滞后项系数；θ 为空间回归系数，即解释变量空间滞后项系数；ω_{ij} 为空间权重矩阵元素。本书采用地理空间权重矩阵作为空间权重矩阵，若 i 与 j 相邻时取 1，若 i 与 j 不相邻或 i = j 时取 0。μ_j 和 λ_t 分别表示空间固定效应和时间固定效应，其余变量解释同前面保持一致，故此处不做赘述。

此外，模型（1）中仅对主要解释变量（人口流动）和被解释变量（流动农民民生类公共品供给水平）的相关性进行实证考察，而忽略了其他变量对被解释变量的影响。因此在模型（2）～模型（5）中依次添加经济发展水平、转移支付占比、对外开放程度、总抚养比作为控制变量分别进行回归分析，在完善回归模型的同时，也考察了实证分析结果的稳健性。由表5－10可知，人口流动指标（mig）的回归系数在所有模型中均为负数，且通过显著性检验，仅数值大小发生微小变化；其余控制变量回归系数情况也基本保持一致。综上，模型（5）的实证分析结果具有较强的稳健性，以下将主要对表5－10中模型（5）的回归结果进行分析。

表5－10　　流动人口公共品供给模型估计结果

回归变量	(1)	(2)	(3)	(4)	(5)
mig	-0.001 1*** (-3.989 3)	-0.001 1*** (-4.269 1)	-0.000 5*** (-3.709 7)	-0.000 6*** (-2.275 2)	-0.000 5* (-1.760 2)
gdp	—	0.000 1*** (3.746 8)	0.000 1*** (6.407 8)	0.000 1*** (6.031 4)	0.000 05*** (5.792 2)
tp	—	—	0.010 6* (1.824 0)	-0.027 2*** (-3.391 7)	-0.026 7*** (-3.196 8)
open	—	—	—	0.102 0*** (4.338 1)	0.109 6*** (4.710 5)
dro	—	—	—	—	0.024 1* (1.792 8)
W＊mig	-0.000 4 (-0.783 9)	0.000 1 (0.144 5)	0.000 3 (1.634 4)	0.000 1 (0.290 5)	-0.000 1 (-0.051 0)
W＊gdp	—	0.000 1** (2.075 8)	0.000 1** (1.998 7)	0.000 1* (1.726 8)	0.0001*** (3.494 3)
W＊tp	—	—	0.022 7*** (3.110 6)	0.041 7*** (3.424 62)	0.0242 (1.404 4)
W＊open	—	—	—	0.084 8* (1.872 0)	0.147 7*** (3.091 7)
W＊dro	—	—	—	—	-0.022 3 (-0.901 0)
ρ	0.576 9*** (11.058 6)	0.318 9*** (4.702 6)	0.663 9*** (15.726 3)	0.264 9*** (3.793 3)	0.201 6*** (2.804 7)
Wald－spatial－lag	4.870 1*	4.702 3*	14.004 9***	17.121 2***	20.954 1***
Wald－spatial－error	4.616 8**	19.365 5***	59.691 7***	25.877 4***	28.764 8***
Hausman test	34.917 4***	16.066 7***	42.282 3***	18.938 3**	21.013 5**
R－squared	0.850 5	0.864 9	0.863 3	0.885 2	0.898 2

注：表中括号中数值为t值，＊＊＊、＊＊和＊分别表示在1%、5%和10%的统计水平上显著。

从以下几个方面对模型（5）的估计结果进行分析。

一是模型的空间相关性系数方面，ρ 在 1% 水平上显著为正（0.201 6），说明相邻地区间的外部性对民生类公共品供给有显著影响，表现出明显的“高高”和“低低”空间集聚，与全局 Moran I 检验的结果基本保持一致，即随着相邻地区民生类公共品供给增加，本地区民生类公共品供给随之增加，相邻地区间存在明显竞争现象。

二是人口流动的回归系数方面，本书采用常住人口与户籍人口的差值作为衡量人口流动的指标，因此人口流动系数在 10% 水平上显著为 -0.000 5，一方面说明流入人口的增加会降低民生类公共品供给的比重，究其原因，受我国户籍制度和官员考核机制的影响，流入地政府作为理性经济人有逃避流动人口民生类公共品供给责任的动机和意愿，更偏好于将更多的财政资金投入有利于经济发展的基础设施等方面，进而忽略了流动人口的民生类公共品需求，造成供给不足，过度消费等问题；另一方面说明流出人口的增加，即人口流动指标数值的减少，会引致民生类公共品供给的比重上升，原因在于流出地政府不仅享受不到流出人口的经济贡献，还要承担其相应的公共品供给责任，无形中加大了地方政府的财政压力，但由于民生类公共品的供给刚性，导致地方政府只能缩减其他方面的支出，这样一来用于经济发展的方面的支出减少，如此形成恶性循环，地区间经济发展差异不断加大。

三是控制变量的回归系数方面：（1）经济发展水平的回归系数在 1% 水平上显著为正（0.000 5），说明地区经济发展水平越高，民生类公共品供给越多，这与已有研究结论和我国基本现实情况保持一致；（2）转移支付占比的回归系数在 1% 水平上显著为负（-0.026 7），说明转移支付制度扭曲了地方公共品供给结构，地方政府将更多的转移支付资金用于基础设施建设等方面；（3）对外开放程度的回归系数在 1% 水平上显著为正（0.109 6），说明对外开放程度越高的地区，越偏好于加大民生类公共品供给，以集聚各类资源要素，增强自身竞争力；（4）总抚养比的回归系数在 10% 水平下显著为正（0.024 1），说明总抚养比越高的地区，民生类公共品供给水平也越高。

四是解释变量的空间滞后项系数方面，仅有经济发展水平和对外开放程度的滞后项系数在1%水平下显著为正，说明相邻地区间的经济发展水平和对外发放程度会由趋同效应，同样再次证明两者表现出明显的“高高”和“低低”空间集聚，同我国现实情况相符，例如珠三角、长三角地区的集聚。

五是模型的拟合程度方面，模型的可决系数 R^2 等于0.898 2，接近1，说明实际观测值离样本线越近，模型的拟合优度较高，增加回归结果的可信度。

表5－11描述了流动人口公共品供给模型中解释变量的直接效应、间接效应和总效应估计结果。其中，直接效应是指解释变量对本地区被解释变量的影响程度，间接效应是指相邻地区解释变量通过地理权重矩阵对本地区被解释变量的影响程度，直接效应与间接效应之和为总效应（Elhorst，2014）。

表5－11　　　　模型（5）的直接与间接效应估计结果

变量名称	直接效应	间接效应	总效应
mig	-0.000 4* (-1.798 0)	-0.000 1 (-0.200 5)	-0.000 5 (-0.902 8)
gdp	0.000 06*** (6.041 3)	0.000 08*** (4.463 7)	0.000 14*** (7.386 1)
tp	-0.025 5*** (-2.909 2)	0.023 9 (1.102 8)	-0.001 6 (-0.065 3)
open	0.119 4*** (5.026 8)	0.205 3*** (3.433 5)	0.324 7*** (5.069 4)
dro	0.023 9* (1.807 4)	-0.020 1 (-0.667 9)	0.003 7 (0.109 7)

注：表中括号内为t值；***、**、*分别表示在1%、5%、10%水平上显著。

由表5－11估计结果可知：直接效应方面，人口流动的直接效应在10%水平上显著为负，其余控制变量的直接效应也分别通过显著性检验，且回归系数同基本回归模型中系数方向保持一致，仅大小有微弱变动；间接效应和总效应方面，仅有经济发展水平和对外开放程度的回归系数在1%水平上显著为正，以下对其直接效应、间接效应和总效应分别进行分析：

一是经济发展水平的直接效应、间接效应和总效应。（1）经济发展水平的直接效应在1%的水平上显著为正（0.000 06），表明经济发展水平对本地民生类公共品供给水平有正向影响，即经济水平越高，地方政府财政能力越强，民生类公共品供给水平自然越高。同时，由于同时存在经济发展水平的滞后项，直接效应中还包括反馈效应，即为本地经济发展水平的直接效应传导相邻地区后又传回本地的效应，因此，经济发展水平的反馈效应为直接效应0.000 06与估计系数0.000 05之差，为0.000 01，故经济发展水平具有较小的反馈效应，对地方民生类公共品供给水平影响较小。（2）经济发展水平的间接效应为0.000 08，在1%水平上显著，表明经济发展水平对相邻地区的民生类公共品供给水平产生正的空间溢出效应，即本地区经济水平高促使相邻地区民生类公共品供给。究其原因，本地经济发展水平较高会拉动相邻地区的经济发展，从而会相应提高相邻地区民生类公共品供给水平，再次证实我国民生类公共品供给水平表现出明显的“高高”和“低低”空间集聚。（3）经济发展水平的总效应在1%的水平上显著为0.000 14，因为经济发展水平对本地民生类公共品供给水平产生正的直接效应，对相邻地区民生类公共品供给水平也产生正的间接效应，因此总效应为正，其中约43%来自直接效应，57%来自间接效应。

二是对外开放程度的直接效应、间接效应和总效应。（1）对外开放程度的直接效应在1%的水平上显著为正（0.119 4），表明两者呈正向关联，也就是说本地区对外开放程度会促进本地民生类公共品供给。主要原因在于对外开放程度越高的地区，越偏好于加大民生类公共品供给，以集聚各类资源要素，增强自身竞争力。同样，由于模型中存在对外开放程度的滞后项，直接效应中还包括反馈效应，即为本地对外开放程度的直接效应传导相邻地区后又传回本地的效应，因此对外开放程度的反馈效应为直接效应0.119 4与估计系数0.109 6之差，为0.009 8，故对外开放程度的反馈效应对地方民生类公共品供给水平影响较小。（2）对外开放程度的间接效应在1%的水平上显著为正（0.205 3），表明对外开放程度对相邻地区民生类公共品供给水平产生正的空间溢出效应。（3）对外开放程度的总效应显著为0.324 7，因为对外开放程度对本地民生类公共品供给水平产生正的直接效应，对相邻地区民生类公共品供给水平也产生正的间接效应，因此总效应为正，其中约37%来自直接效应，63%来自间接效应。

（三）留守农民公共品供给分析

1. 指标选取与数据来源

（1）指标选取。被解释变量。本书选取了全国30个省级行政单位2007～2016年各省每千人村卫生室人员数、农村文化机构数、农村养老机构数、迁移人口数、实际人均GDP、总抚养比、对外开放程度以及总抚养比等数据。其中本书的被解释变量为pub2，是在各省不同农村公共品供给数据的基础上利用主成分分析法试图建立一个能够反映政府对流动农民公共品供给的综合指标。

与第二个实证中主成分分析相同，本书首先分别对各省份每千人村卫生室人员数、农村文化机构数、农村养老机构数三个变量数据进行标准化处理后，运用Stata14自带的pca命令对三个变量进行主成分分析，具体主成分得分如表5－12所示。

表5－12　主成分分析结果

主成分	每千人村卫生室人员数	文化机构数	养老机构数
主成分1	－0.709 6	0.638 8	0.297 2
主成分2	－0.011 7	－0.432 5	0.901 6

然后根据每个主成分的贡献比率可以得到衡量政府对流动农民公共品供给的综合指标：

$$Pub2 = 0.392\,4 \times 主成分1 + 0.334\,2 \times 主成分2$$

核心解释变量。参考付文林（2012）、董理和张启春（2014）、甘行琼和刘大帅（2015）的研究，本书的核心解释变量为人口流动规模，且为同时明确人口流动的规模和方向，本书将采用常住人口数与户籍人口数的差值作为衡量人口流动的指标，指标大于零为人口流入地、指标小于零为人口流出地。

控制变量。为了研究更加严谨，本书还考虑了如下若干控制性变量：一是人均实际GDP，用来衡量各地区的实际经济发展水平，该指标以2007年为基期进行平减；二是转移支付占比，即地方财政支出与地方财政收入的差值占地方财政支出的比重来粗略估计各省的转移支付情况；三是总抚养比，指老年人口抚养比与少年儿童抚养比之和；四是对外开放程度，指地区年末进出口额之和与 GDP 之比。

本书采用 2007 ~ 2016 年我国 30 个省区市的面板数据，实证模型中所使用经济变量的描述性统计情况如表 5 - 13 所示。

表 5 - 13　相关变量的描述性统计

变量	符号	变量名称	观测数	均值	标准差	最小值	最大值
被解释变量	pub2	留守农民公共品供给	300	5.85	0.94	3.36	7.96
主要解释变量	mig	流动人口	300	-35.36	595.068 1	-1 838	1 958
控制变量	gdp	实际 GDP	300	28 716.32	16 491.67	5 950.85	87 550.19
	tp	转移支付占比	300	48.21	19.77	4.91	85.17
	open	开放程度	300	4.64	5.51	0.48	24.44
	dro	总抚养比	300	35.54	6.53	19.30	55.10

由表 5 - 13 可知，首先依据被解释变量与解释变量的最大值、最小值可知，各省份的公共服务支出、人口流动规模、经济发展水平等方面均存在较大差异性；其次依据被解释变量与解释变量的平均值、标准差可知，各变量的平均值大于标准误差，说明观测数据离散程度较低，可以进行相应的建模分析。

（2）数据来源。本书原始数据均来源于《中国统计年鉴》（2008 ~ 2017 年历年）、《中国人口和就业统计年鉴》（2008 ~ 2017 年历年）、CEIC 经济数据库。此外，本书所有价格变量，如 GDP 变量均以 2007 年为基期进行平减。其中由于西藏数据异常，最终得到 N 为 30、T 为 10 的共 2 100 个观察值的平衡面板数据。

2. 空间相关性分析

（1）全局 Moran's I 检验。根据空间计量经济学原理，本书在用空间计量模型对我国 30 个省区市的留守农民公共品供给水平进行分析时，需检验地方政府对留守农民公共品供给是否存在空间自相关性。本书采取地理邻接权重矩阵对中国 30 个省的留守农民公共品供给水平数据进行地理空间上的全局空间自相关检验，结果如表 5 - 14 所示。

表 5－14　　2007～2016 年全局 Moran I 的 I 值和 Z 值

年份	2007	2008	2009	2010	2011	2012	2013	2014	2015	2016
I	0.023	0.021	0.012	0.197**	0.169**	0.185**	0.184**	0.185**	0.192**	0.179**
Z	0.474	0.452	0.381	1.887	1.658	1.789	1.775	1.784	1.838	1.736

注：表中 ***、** 和 * 分别表示在 1%、5% 和 10% 的统计水平上显著。

表 5－14 显示，根据地理邻接权重矩阵计算的中国 2007～2016 年地方政府公共品供给水平的 Moran 指数分别为：0.023、0.021、0.012、0.197、0.169、0.185、0.184、0.185、0.192、0.179。这表明，虽然 2010 年以前我国地方政府对流动农民的供给不存在空间相关性，但从时间跨度来看，Moran 指数逐渐由不显著转变为显著且总体呈现递增趋势（见图 5－3）。因此，从整体上来看，我国 30 个省区市历年留守农民公共品供给水平在空间分布上存在显著的正相关关系，表现为相似值之间的空间集群，即具有较高水平的留守农民公共品供给水平相对地与较高水平的留守农民公共品供给水平相邻近，较低水平的留守农民公共品供给水平相对地与较低水平的地方留守农民公共品供给水平相邻近。因此，在研究省级地方对流动农民公共品供给水平问题时，空间效应不容忽视。

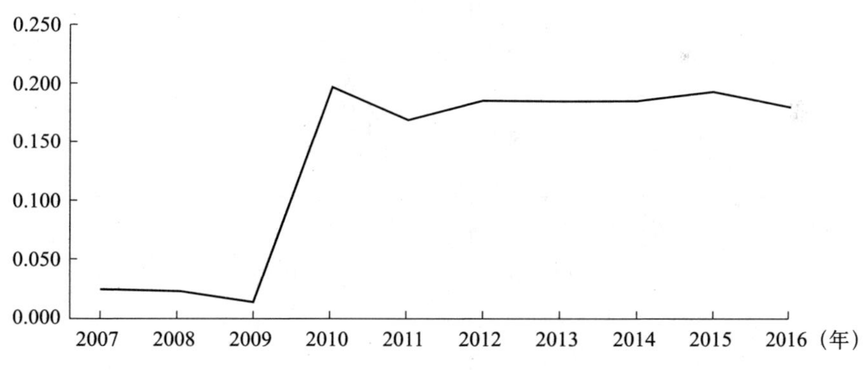

图 5－3　2007～2016 年农村公共品供给 Moran I

（2）局部 Moran's I 检验。本书选用 2016 年全国 30 个省区市的 Moran 散点图进一步分析局部空间的异质性。图 5－4 为留守农民公共品供给综合指标的 Moran 散点图，其表现形式为笛卡尔直角坐标系，其横坐标为个单元标准化处理后的属性值（pub2），纵坐标代表经过标准化处理过的周围地区属性值的平均值。散点图的四个象限按其性质分为“高高”（第一象限）、“低高”（第二象限）、“低低”（第三象限）、“高低”（第四象限）。“高高”表示某一空间单元和周围单元的属性值都较高，该单元与周围单元组成的子区域即为通常所说的热点区，“低低”的含义则与之相反，落入这两个象限的空间单元存在较强的空间正相关性，即有均质性。“高低”表示某一空间单元属性值较高，而周围单元较低，“低高”则与此相反，落入这两个象限的空间单元表明存在较强的空间负相关，即异质性突出。Moran 散点图显示，大部分省份位于第一象限和第三象限，也就是说对留守农民公共品供给高的省份大多被高的省份包围，低的省份大多被低省份的包围，对流动农民的公共品供给呈现空间上的集聚效应。由 Moran 散点图可看出，同一象限中聚集的省份几乎全是地理上较为邻近，比如东三省、长三角部分地区或中部地区部分省份。

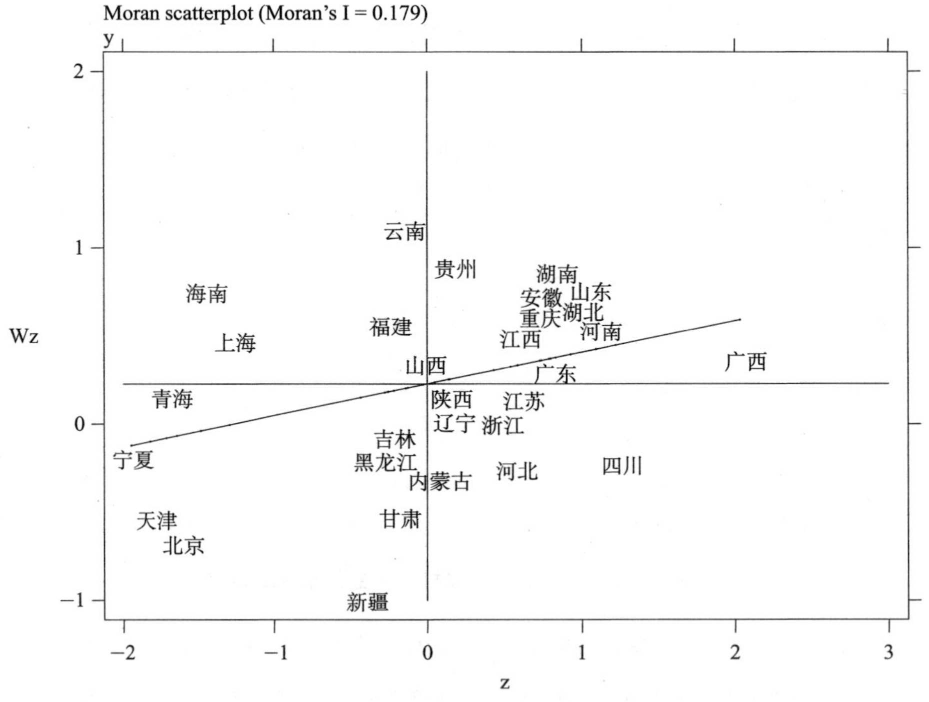

图 5-4　2016 年农村公共品供给 Moran 散点

（3）LM 检验。表 5-15 描述了农村公共品供给的 LM 检验结果，为获得更加稳健的结果，本书分别对混合面板模型（模型 1）、空间固定效应模型（模型

2）、时间固定效应模型（模型 3）、双固定效应模型（模型 4）进行估计。从模型 1 与模型 3 的估计结果来看，农村公共品供给具有显著的空间误差效应，应选择空间误差模型进行估计。

表 5－15　　农村公共品供给模型的 LM 检验结果

统计量	*模型1*	*模型2*	*模型3*	*模型4*
LM－lag	4.717 5**	10.407 6***	1.293 7	2.913 7*
LM－error	24.470 5***	7.570 9***	11.185 5***	3.512 1*
Robust LM－lag	0.000 0	4.306 1**	11.210 1***	1.510 5
Robust LM－error	19.753***	1.469 4	21.101 9***	2.108 9

注：表中 ***、** 和 * 分别表示在 1%、5% 和 10% 的统计水平上显著。

3. 留守农民公共品供给实证分析

虽然通过以上（稳健的）LM 检验可以初步判断模型具有空间滞后效应还是空间误差效应，可为模型选择提供一定依据，但局限性较大存在诸多不确定性，因此，还应通过 Wald 检验和 Hausman 检验来确定最终的模型形式。其中，Wald 检验分别为有量 Wald－spatial－lag 和 Wald－spatial－error 两个统计，前者的原假设是空间杜宾模型可简化为空间滞后模型，后者的原假设是空间杜宾模型可简化为空间误差后模型；Hausman 检验的原假设为模型包含随机效应。从表 5－16 的检验结果中可以看出：首先，五个回归模型 Wald 检验的两个统计量均显著拒绝原假设，即空间杜宾模型既不能简化为空间滞后模型也不能简化为空间误差后模型，因此，本书最终选择空间杜宾模型；其次，五个回归模型 Hausman 检验的结果均通过显著性检验，即认为模型应包含固定效应。综上，基本模型设定为：

$$pub2_{it} = \alpha + \rho\sum_{j=1}^{N}\omega_{ij}pub1_{it} + \theta\sum_{j=1}^{N}\omega_{ij}X_{it} + \beta' X_{it} + \mu_j + \lambda_t + \varepsilon_{it} \quad (5-20)$$

$$X_{it} = (mig_{it}, gdp_{it}, dro_{it}, open_{it}, tp_{it})'$$

其中，ρ 为空间相关性系数，即被解释变量空间滞后项系数；θ 为空间回归系数，即解释变量空间滞后项系数；ω_{ij} 为空间权重矩阵元素。本书采用地理空间权重矩阵作为空间权重矩阵，若 i 与 j 相邻时取 1，若 i 与 j 不相邻或 i＝j 时取 0。μ_j 和 λ_t 分别表示空间固定效应和时间固定效应，其余变量解释同前面保持一致，故此处不做赘述。

此外，模型（1）中仅对主要解释变量（人口流动）和被解释变量（留守农民民生类公共品供给水平）的相关性进行实证考察，而忽略了其他变量对被解释变量的影响。因此，在模型（2）至（5）中依次添加经济发展水平、总抚养比、对外开放程度、转移支付占比作为控制变量分别进行回归分析，在完善回归模型的同时，也考察了实证分析结果的稳健性。由表 5 - 16 可知，人口流动指标（mig）的回归系数在所有模型中均为负数，且通过显著性检验，仅数值大小发生微小变化，其余控制变量回归系数情况也基本保持一致。综上所述，模型（5）的实证分析结果具有较强的稳健性，以下将主要对表 5 - 16 中模型（5）的回归结果进行分析。

表 5 - 16　　农村公共品供给模型估计结果

回归变量	(1)	(2)	(3)	(4)	(5)
mig	-0.000 6*** (-3.778 4)	-0.000 8*** (-5.173 2)	-0.000 8*** (-5.590 7)	-0.000 7*** (-4.917 0)	-0.000 7*** (-5.134 0)
gdp	—	0.000 02*** (3.737 9)	0.000 02*** (4.536 2)	0.000 03*** (5.224 4)	0.000 03*** (5.322 6)
dro	—	—	-0.023 5*** (-3.110 4)	-0.019 2*** (-2.590 4)	-0.018 6** (-2.528 7)
open	—	—	—	0.048 1*** (3.719 9)	0.054 1*** (4.013 5)
tp	—	—	—	—	0.009 5** (2.183 9)
W * mig	-0.000 2 (-0.672 6)	-0.000 1 (-0.517 8)	-0.000 4 (-1.561 7)	-0.000 5** (-2.068 2)	-0.000 4 (-1.641 6)
W * gdp	—	-0.000 01 (-1.144 9)	-0.000 01 (-0.570 9)	-0.000 01 (-1.321 8)	-0.000 01 (-1.298 5)
W * dro	—	—	-0.048 7*** (-4.266 7)	-0.047 8*** (-4.296 1)	-0.048 5*** (-4.267 4)
W * open	—	—	—	-0.054 1*** (-2.647 2)	-0.052 1** (-2.128 8)

续表

回归变量	(1)	(2)	(3)	(4)	(5)
W * tp	—	—	—	—	-0.004 7 (-0.661 1)
ρ	0.544 9*** (9.986 3)	0.370 9*** (5.666 9)	0.077 9*** (5.896 9)	0.111 9*** (3.487 3)	0.131 9*** (3.483 9)
Wald - spatial - lag	46.479 9***	45.143 8***	20.297 9***	25.907 9***	23.213 6***
Wald - spatial - error	67.788 8***	61.722 9***	25.827 0***	28.940 1***	26.714 4***
Hausman test	143.664 6***	131.133 5***	59.277 9***	64.406 5**	55.206 5***
R - squared	0.933 8	0.941 0	0.948 4	0.951 4	0.952 3

注：表中括号中数值为 t 值，***、** 和 * 分别表示在 1%、5% 和 10% 的统计水平上显著。

从以下几个方面对模型（5）的估计结果进行分析。

一是模型的空间相关性系数方面，ρ 在 1% 水平上显著为正（0.131 9），说明相邻地区间的外部性对民生类公共品供给有显著影响，表现出明显的“高高”和“低低”空间集聚，与全局 Moran I 检验的结果基本保持一致，即随着相邻地区民生类公共品供给增加，本地区民生类公共品供给随之增加，相邻地区间存在明显竞争现象。

二是人口流动的回归系数方面，本书此处采用常住人口与户籍人口的差值作为衡量人口流动的指标，因此人口流动系数在 10% 水平下显著为 -0.0007，一方面说明流入人口的增加会降低留守农民民生类公共品供给水平，究其原因可能有两点：首先，受我国户籍制度和官员考核机制的影响，流入地政府作为理性经济人有逃避流动人口民生类公共品供给责任的动机和意愿，更偏好于将更多的财政资金投入有利于经济发展的基础设施等方面，进而忽略了留守农民民生类公共品需求，造成供给不足，过度消费等问题；其次，人口流入地区经济发展水平较高，农民对于这一层次的公共产品需求较少，因此政府供给水平适度降低。另一方面说明流出人口的增加，即人口流动指标数值的减少，会引致留守农民民生类公共品供给数量上升，原因在于：首先第一人口流出地多为经济欠发达省份，中央政策倾斜较大；其次这类民生类公共品的供给刚性且供给水平是依据农村居民数量决定而非留守农民数量决定，因此供给口径远高于需求口径。

三是控制变量的回归系数方面：（1）经济发展水平的回归系数在1%水平下显著为正（0.000 3），说明地区经济发展水平越高，民生类公共品供给越多，这与已有研究结论和我国基本现实情况保持一致；（2）转移支付占比的回归系数在1%水平下显著为正（0.009 5），说明留守农民公共品供给在很大程度上依靠中央政策支持；（3）对外开放程度的回归系数在1%水平下显著为正（0.054 1），说明对外开放程度越高的地区，越偏好于加大民生类公共品供给，以集聚各类资源要素，增强自身竞争力；（4）总抚养比的回归系数在10%水平下显著为负（-0.186），说明总抚养比越高的地区，留守农民民生类公共品供给水平越低。抚养比越高的地区往往是欠发达地区，因此这些地区政府农村民生类公共品呈现供给不足的现象。

四是解释变量的空间滞后项系数方面，仅有总抚养比和对外开放程度的滞后项系数在1%水平上显著为正，说明相邻地区间的总抚养比和对外发放程度会由趋同效应，同样再次证明两者表现出明显的“高高”和“低低”空间集聚，同我国现实情况相符，例如中部地区、珠三角、长三角地区的集聚。

五是模型的拟合程度方面，模型的可决系数 R^2 等于0.952 3，接近1，说明实际观测值离样本线越近，模型的拟合优度较高，增加回归结果的可信度。

表5-17描述了流动人口公共品供给模型中解释变量的直接效应、间接效应和总效应估计结果。其中，直接效应是指解释变量对本地区被解释变量的影响程度，间接效应是指相邻地区解释变量通过地理权重矩阵对本地区被解释变量的影响程度，直接效应与间接效应之和为总效应（Elhorst，2014）。

表5-17　　模型（5）的直接与间接效应估计结果

变量名称	直接效应	间接效应	总效应、
mig	-0.000 8* (-5.065 1)	-0.000 5** (-2.106)	-0.001 3*** (-4.310 0)
gdp	0.000 02*** (5.576 6)	0.000 01 (-0.940 7)	0.000 03*** (8.985 2)
dro	-0.020 0*** (-2.751 0)	-0.055 8*** (-4.971 0)	-0.075 9*** (-7.433 2)

续表

变量名称	直接效应	间接效应	总效应、
open	0.053 1*** (3.983 2)	-0.051 3* (-1.942 5)	0.001 8 (0.062 3)
tp	0.009 5** (2.239 6)	-0.004 3 (-0.564 7)	0.005 2 (0.671 8)

注：表中括号内为 t 值；***、**、*分别表示在 1%、5%、10% 水平上显著。

由表 5-17 估计结果可知：直接效应方面，人口流动的直接效应在 10% 水平上显著为负，其余控制变量的直接效应也分别通过显著性检验，且回归系数同基本回归模型中系数方向保持一致，仅大小有微弱变动；间接效应和总效应方面，仅有人口流动和总抚养比的回归系数通过显著性检验，以下对其直接效应、间接效应和总效应分别进行分析。

一是人口流动的直接效应、间接效应和总效应。（1）人口流动的直接效应在 10% 的水平上显著为负（-0.000 8），表明人口流动对本地民生类公共品供给水平有负向影响。一方面说明流入人口的增加会降低留守农民民生类公共品供给水平，究其原因，受我国户籍制度和官员考核机制的影响，流入地政府作为理性经济人有逃避流动人口民生类公共品供给责任的动机和意愿，更偏好于将更多的财政资金投入有利于经济发展的基础设施等方面，进而忽略了留守农民民生类公共品需求，造成供给不足，过度消费等问题；另一方面说明流出人口的增加，即人口流动指标数值的减少，会导致留守农民民生类公共品供给数量上升，原因在于：首先人口流出地多为经济欠发达省份，中央政策倾斜较大；其次这类民生类公共品的供给刚性且供给水平是依据农村居民数量决定而非留守农民数量决定，因此供给口径远高于需求口径。此外，由于同时存在人口流动的滞后项，直接效应中还包括反馈效应，即为本地人口流动的直接效应传导相邻地区后又传回本地的效应，因此人口流动的反馈效应为直接效应 -0.000 8 与估计系数 -0.000 7 之差，为 -0.000 1，故人口流动具有较小的反馈效应，对地方民生类公共品供给水平影响较小。（2）人口流动的间接效应为 -0.000 5，在 5% 水平上显著，表明人口流动对相邻地区的民生类公共品供给水平产生负的空间溢出效应。究其原因：一方面本地人口流入在给本地带来人口红利，促进经济发展的同时，也会拉动相邻地区的经济发展水平，从而会相应提高相邻地区财政供给能力；另一方面受户籍制度和官员考核制度的影响，相邻地区自然会降低民生类公共品供给水平。（3）人口流动的总效应在1%的水平上显著为 -0.001 3，因为人口流动对本地民生类公共品供给水平产生负的直接效应，对相邻地区民生类公共品供给水平也产生负的间接效应，因此总效应也为负，其中约62%来自直接效应，38%来自间接效应。

二是总抚养比的直接效应、间接效应和总效应。（1）总抚养比的直接效应在1%的水平上显著为负（ -0.020 0），表明两者呈负向关联，也就是说本地区总抚养比水平会越高，本地民生类公共品供给水平越低。主要原因在于总抚养比水平越高的地区，往往是我国经济欠发达地区，因此对于农村民生类公共品供给不足。同样，由于模型中存在总抚养比的滞后项，直接效应中还包括反馈效应，即为本地总抚养比的直接效应传导相邻地区后又传回本地的效应，因此总抚养比的反馈效应为直接效应 -0.020 0 与估计系数 -0.018 6 之差，为 -0.001 4，故总抚养比的反馈效应对地方民生类公共品供给水平影响较小。（2）总抚养比的间接效应在1%的水平上显著为负（ -0.055 8），表明对总抚养比对相邻地区民生类公共品供给水平产生负的空间溢出效应。（3）总抚养比的总效应显著为 -0.075 9，因为总抚养比对本地民生类公共品供给水平产生负的直接效应，对相邻地区民生类公共品供给水平也产生负的间接效应，因此总效应为负，其中约26%来自直接效应，74%来自间接效应。

第六章　结论与政策建议

一、结论

本书在已有理论基础上对人口流动与公共品供给相关理论与文献综述进行系统性梳理及内容划分，并分析我国现阶段农村人口流动、农民公共品需求及供给情况，通过建立（空间）面板模型实证考察人口流动背景下农民对公共品需求及公共品有效供给的影响，最后得出如下结论。

第一，从农民公共品需求的角度来看，人口流动对不同类型公共品需求具有差异化影响。地区人口增加会降低农民对交通基础设施及医疗的需求，增加对教育的需求，说明我国政府在交通基础设施、基础医疗设备的投入有所成效，但文教娱乐方面的投入还稍有不足，无法满足农民的有效需求。对于农村居民收入较高且经济增速较快的地区，农村居民对交通基础设施的需求较高，而对教育文娱的需求较低，这表明我国政府近些年有关农村义务教育改革及文化下乡等措施取得一定成效。此外，与低收入的农民相比，高收入的农民更注重健康且更加追求高质量的医疗服务及高标准的医疗保障。

第二，从空间相关性系数来看，无论是流动农民公共品供给模型还是留守农民公共品供给模型的空间相关性系数均为正，由此可说明，相邻地区间的外部性对民生类公共品供给有正向影响，且在空间上呈现出“高高”和“低低”空间集聚，即随着相邻地区民生类公共品供给增加，本地区民生类公共品供给也随之增加，相邻地区间地方政府对民生类公共品的供给具有明显的空间溢出效应。

第三，从流动农民公共品供给模型的实证结果来看，随着农村流动人口的增加，流入地地方政府对文化体育与传媒、教育与医疗卫生等民生类公共品的供给减少，这与在我国现有户籍制度以及官员考核机制的约束作用下，地方政府更偏重于有利于经济发展的基础设施建设等方面的投资有关。此外，流入地区地方政府按照户籍制度只为本地居民提供民生类公共品，而没有为流动农民提供此类服务，所以流动农民面临民生类公共品需求在流入地而供给却在流出地的矛盾，即人口流动加剧了我国地方公共品在空间上的错配程度。就其他控制变量而言，经济发展水平越高且对外开放度越大的地区越能增加流动农民的公共品供给，而转移支付“粘蝇纸”效应的存在扭曲了地方政府支出结构，不利于民生类公共品供给的增加。

第四，从留守农民公共品供给模型的实证结果来看，随着农村流出人口的增加，地方政府对农村医疗卫生、农村文化、农村社会保障等方面的公共品供给增加，因此产生了地方公共品供需空间不匹配的问题。就经济发展水平及对外开放程度而言，留守农民公共品供给模型的实证结果同流动农民一样，即两者对留守农民公共品供给具有正向影响，但转移支付对公共品供给的作用却相反（流动农民为负，留守农民为正），这从侧面反映出留守农民（农村）公共品供给更多依赖于政府的转移支付。此外，留守农民公共品供给水平随总抚养比增加而下降，由此可知，抚养比高的地区存在公共品供给不足的现象。

二、政策建议

结合农民公共品供需现状分析结果及实证分析结果，本书提出如下政策建议。

（一）完善农民公共品需求表达机制

人口流动背景下我国农民公共品需求与供给不匹配问题日益突出，其关键原因是我国农民公共品需求表达机制及由上而下的公共品供给机制不畅通。为此，本书将从农民与政府的角度探讨如何实现公共品需求表达机制。农民公共品需求表达机制是指在民主社会下农民具有合法的话语权，且可以借助直接或间接的方式表达对公共品的需求，随后政府根据农民意愿进行有效回应的制度规范（刘卫、谭宁，2008）。然而，农民因在年龄、受教育程度、收入水平及家庭所在地等各方面的差异性而呈现出多样化的特征，这使他们在公共品的需求偏好上具有差异性及动态性。例如，农民对公共品的需求具有位序结构特征，农民对公共品的需求先满足农业生产，后满足生活（刘义强，2006），这进一步说明，我国应试图构建以农民需求为导向的农村公共品供给制度。同时，农民作为公共品的消费者与享受者，必须要主动显示对公共品的偏好，且主动参与公共品供给决策，以便于完善农民公共品需求表达机制。

从流动农民的角度出发，流动农民可以借助“一事一议”制度或者上访的方式来表达他们对公共品的数量、结构、成本的意见，地方政府据此提供合意的公共品。然而，我国农民主动参与决策的意识较薄弱，且农民组织化程度较低，使得政府获取农民公共品偏好的成本增加。因此，从农民视角出发，他们需要增强主动参与决策的意识，提高主动参与决策的能力。例如，他们可以通过关注地方政府在新闻等其他平台发布的公共品相关信息提高自身对公共品的认知水平与素养，并提出自己的建议。考虑到我国农民文化水平较低及农村消息的滞后，地方政府借助电子显示屏、短信和微信、公共品知识讲座、面对面咨询、社区网站咨询、宣传栏和宣传资料等方式向农民传播公共品的相关信息，让他们及时获取信息，进而使他们主动表达偏好。

从地方政府的角度出发，地方政府需要拓宽农民公共品需求表达平台，为农民主动参与决策提供有效的途径。当今中国社会信息技术发展迅速，微信等聊天社交工具在农民中的覆盖范围较大。基于此，地方政府也可以借助诸如微信群、QQ 群、微博、社区论坛等“互联网 +”模式设置公共品需求表达机构或者平台，一方面向农民公布公共服务的相关信息；另一方面，与农民随时沟通与交流，关注农民的回馈，与农民形成良性互动，进而准确收集农民的需求意愿。此外，网络调查、民意测评、实地调研等传统手段也不容忽视，地方政府可综合运用线上和线下多种方式搜集农民需求意愿，建立完善农民公共品需求动态信息库。考虑到地方政府的财力及公共资源有限，地方政府很难提供符合农民意愿的所有公共品或公共服务，地方政府需要建立识别并过滤农民公共品需求的有效机制，优先安排农民最急需且最重要的公共服务，并根据农民公共品需求信息库的动态信息，适时调整与优化农民公共品供给决策。

媒体作为信息传播者，在拓宽农民需求表达机制中具有重要作用。媒体需要保持高度社会责任感，密切关注流动农民与留守农民的生活状况，并及时向社会、政府反映农业生产、农民生活需求现状。媒体还应凭借社会公信力有效引导农民主动显示公共服务偏好，同时增强农民参与公共品供给决策的意识。地方政府具有绩效考核及官员升迁等多重压力，作为理性经济人，在追求自身利益最大化下进行的公共服务供给决策与农民的需求可能不一致，例如，在中国式财政分权背景下我国地方政府支出结构具有偏向性，即更注重基础设施等硬公共服务，而忽视教育、医疗等软公共服务（傅勇、张晏，2007），因此，媒体必须有效监督地方政府有关公共品需求表达机制及公共品供给机制的落实情况，以保障农民满足生产生活需求。

总体来看，农民公共品需求表达机制的顺畅需要农民、政府及媒体等多方面的共同努力。结合当前我国经济增速放缓、城乡二元结构等经济形势，建立有效的农民需求表达机制，遵循农民公共品需求规律，进行公共品需求侧管理，才能实现农民公共品有效供给的目标（闵琪，2011）。

（二）完善农民公共品供给机制

公共品的供给机制指的是从供给主体和运行机理的角度抽象出的公共产品供给模式，其实质是公共产品供给中的资源配置方式（樊丽明、石绍宾，2006），因此，农村公共品的供给机制的实质即为农村公共产品供给中的资源配置方式，实现农村公共品资源的有效配置即完善公共品供给机制。公共品供给机制分为三种，分别为政府供给机制、市场供给机制与自愿供给机制（樊丽明、石绍宾，2006）。其中，政府供给与私人供给的公共品类别并非固定不变，社会公共品的供给需要政府与相关组织（营利组织、非营利组织）以及个人等共同作用，实现多元供给机制。

政府是公共品的主要供给主体，农村纯公共品以及近似于纯公共品的农村准公共品均由政府提供。健全公共品供给机制的首要是实现政府供给机制的完善。具体可分为需求发现机制、决策机制、资金筹集与使用机制、绩效评价与监督机制以及信息反馈机制（樊丽明、石绍宾，2008）。首先是需求发现机制，若想实现农民公共品的有效供给，就要了解不同类型（流动和留守）农村人口所需公共品的种类和数量，即建立和完善需求表达机制。其次是建立决策机制，在了解居民的需求及偏好后，政府需要对所提供公共品的类别、数量以及质量等进行合理分配，同时进行权责划分，即明确不同级政府的职权，充分发挥中央政府和地方政府的优势，使决策更具科学性和更有效率。然后是资金筹集与使用机制，公共品的供给离不开资金的供给与支持，资金的主要来源是税收，当农村公共品的资金供给与决策无法完全匹配时，需要中央政府合理调配资金的运用，实现政府间的合作以确保公共品供需平衡。再者是绩效评价与监督机制，公共品的公共属性决定了监督机制建立的必要性，为确保公共品供给的效率与质量，需要政府、农村居民以及社会各界媒体的共同监督。此外，完善的绩效评价机制可以对公共品供给的全程进行评价，进而起到全面监管的作用。最后是信息反馈机制，信息反馈机制的建立，可以及时获取有关公共品的需求信息，同时可以实时了解资金筹措及使用效果。通过建立网上平台等方式，快速高效获取相关信息，并对政策进行合理调整，避免资金产生缺口或资源浪费，实现农村公共品有效供给。

此外，除纯公共品外，还存在部分类似于私人品的农村准公共品及一般的农村准公共品，为实现农村公共品的有效供给，该部分公共品可由除政府以外的组织及个人提供，进而形成多元供给模式。对于我国农村公共品的供给，鉴于县乡级政府财力有限，可以由相关营利性或非营利性组织与政府部门进行合作，共同对农村地区的经济、教育、科技、文化以及卫生等领域进行支持，以有效弥补资金方面的缺乏。为实现非政府部门对农村公共品供给的作用，首先，要建立激励机制。公共品的非竞争性与非排他性导致“搭便车”等行为的产生致使部分营利组织缺乏提供该类物品的动力，因此，政府部门可以采取财政补贴及税收激励等方式调动农村公共品供给主体的积极性，提高相关组织的参与度，开辟更多农村公共品的提供路径。其次，要建立农村公共品供给的监管机制。在“经济人”假设的前提下，营利性组织会以营利最大化作为决策标准，但是，在该标准下进行的决策会导致农村居民公共品供需不匹配，因此，跟进配套相关法律法规，制定严格的检举制度，建立公开透明的监督机制以有效引导、规范和监管相关营利性组织的行为尤为重要。最后，建立绩效评估和反馈机制。采取走访、问卷调查以及运用相关网络平台，对公共品提供情况进行实地考察，对资金分配等方面进行及时调整。

总体来说，对于农民公共品供给需要建立多元化的供给机制，实现政府、市场与相关组织及个人的协同合作。同时，从了解居民需求、实施决策、资金筹备到资金分配都要配以相关的法律法规并形成良好的监督监管体系。县乡级政府要主动承担起相关的责任和义务，及时了解并收集农村居民需求，并建立通畅的信息传递渠道，使农村居民的合理诉求得到积极且有效的反馈。此外，也要注意不同农村居民群体（如流动农民与留守农民）对公共品需求的差异性，在保证公平性的前提下，针对不同类型的农村居民群体采取差异化政策，以实现农村公共品的有效供给。

（三）深化财政体制改革

前面的分析指出，地方政府支出结构扭曲主要表现为重视基础设施建设等硬公共品而轻视教育、医疗、卫生等民生类公共品。这与我国分税制财政管理体制密切相关。1994 年分税制改革以来，我国中央政府与地方政府及各层级地方政府间，尤其是县乡级政府间，面临着财权与事权不匹配的问题，这不利于地方政府履行资源配置职能，提供充足的地方公共品。在公共品供给方面，深化财政体制改革仍应坚持分级财政体制的基本方向，在合理界定政府与市场边界的基础上，合理划分中央与地方政府的财权与事权，理顺中央和地方收入与支出划分，完善地方官员晋升激励机制，进一步完善财政转移支付制度，更好地实现农民公共有效供给。

首先，合理划分中央与地方政府的财权与事权。清晰、合理、规范的财权与事权责任划分是保证政府职责不缺位、不缺位、不错位的体制基础。目前我国政府间事权与财权责任划分中存在交叉、重叠、错位等问题，我国应稳步推进省直管县和乡财县管改革，构建中央、省、市县三级财政架构，重塑政府间财权与事权责任划分框架。在财权划分方面，中央财政主要负责国防、外交、国家安全、宏观调控、协调地区经济和社会事业发展、全国性基础设施建设与环保项目等支出项目，省级财政主要负责省域内公共安全、经济调控、国土治理、河流管制、道路规划、省级机关运转等支出项目，市县财政主要负责辖区内的经济社会发展、民生改善以及行政管理等方面的具体支出。与财权相对应，中央应负责全国政令统一、维护市场统一、促进区域协调以及确保国家各领域安全等重大事务，以加强国家的统一管理，提高全国性的公共服务水平；将地域信息性强和主要与当地居民息息相关的事务交给地方，调动和发挥各级地方政府的积极性，更好地满足本地居民的公共服务需求。在农民公共品供给方面，中央应出台相关法律法规，对流动农民和留守农民的公共品供给责任进行明确划分，落实到相关具体部门；市县级政府应实地考察了解农民对公共品的需求，切实承担农民公共品有效供给的责任。同时，中央政府应制定相应的激励机制，给予市县政府相配套的财力，重塑各级政府财政利益分配格局①。

其次，完善地方政府官员考核机制。以 GDP 为导向的政绩考核使得地方政府更倾向于提供基础设施等硬公共品，造成地方公共品供给结构失衡。在农民公共品供给上，我国政府在交通基础设施、基础医疗设备的投入有所成效，但文教娱乐方面的投入还稍有不足，无法满足农民的有效需求。为了解决缓解地方公共品供给结构偏差问题，我们需要完善地方政府官员考核机制，一种更根本的解决之道是让政府公共服务的对象——公众对政府施政的满意度进入官员的考核过程，比如，进一步发挥人大和政协在监督和问责政府官员方面的作用，引入差额

① 史桂芬，刘欢，王佳．中国式财政分权对公共教育支出影响的实证分析——基于非线性面板门槛模型的回归［J］．教育科学，2016（5）：11－15.

选举的方式，让辖区内的公众意愿能够影响官员的仕途，并适当增加新闻媒体的监督作用。这样可以大幅度降低上级政府在考察官员所需的信息成本和设计指标的困难，从而从根本上减少对晋升锦标赛模式的依赖。

最后，建立规范的政府间财政转移支付制度，尤其是省以下财政转移支付制度，为县乡级地方政府提供充足的财力。为了均衡政府间和地区间财力差距，推进基本公共服务均等化，我们需要不断优化转移支付结构，扩大对地方政府的一般转移支付规模，增加与流动农民和留守农民相关的专项转移支付；同时，应按照中央对省的转移支付制度设计，对目前各地区较为复杂的省以下转移支付形式进行梳理，构建以一般性转移支付和专项转移支付对基本框架的省以下转移支付体系。一般性转移支付着力于实现省域公共服务均等化，专项转移支付侧重于扶持革命老区、民族地区、边疆地区和贫困地区。构建规范合理的省以下财政转移支付机制，有利于实现省以下各级政府基本财力的均衡，实现农民公共品的有效供给。

（四）推进户籍制度改革

当前流动人口在城镇人口中占很大比重，且未实现市民化，相较于其他公共品，社会保障和就业的门槛较高，不易于被“搭便车”，导致流动人口很难享有与当地市民相同的社会保障和就业，难以“挤占”当地市民的需求①，导致流动农民因城乡二元户籍制度的限制无法享有与户籍人口同等的权益，尤其是医疗、教育与社会保障等福利性公共服务，留守农民则因基层财政困难等原因出现公共品供给过剩或供给不足的问题，这样形成中国农民公共品供需空间不匹配问题。为了弱化户籍制度的福利分配功能以进一步规范地方政府行为及矫正地方政府的财政激励，政府应推进且完善户籍制度改革。但鉴于我国户籍制度的相关社会经济政策及由此形成的错综复杂的社会利益分配格局，一旦全部放开我国现行管制型的户籍制度，城市尤其是特大城市可能会发生社会混乱，难以有效地稳步推进“人的城镇化”。户籍制度作为流动农民融入流入地的制度障碍，亟须进行一系

① 李成宇，史桂芬，王佳．地方政府对公共物品需求回应性考察［J］．城市问题，2017（9）：72－77.

列制度改革，不仅应放宽户籍对流动农民的开放性和包容性，使得流动农民更好更快地转化为本地户籍人口，还应该对与户籍相配套的公共产品和服务、社会福利制度及管理制度等方面进行改革。因此，推进户籍制度改革，促进流动农民融入城市，应该从以下几方面入手。

首先，使户籍制度与福利制度相脱离。户籍制度改革工作进行的难点在于户籍制度上附着各种社会福利制度，各种社会福利制度不进行改革，户籍制度改革也难以进行。从我国户籍改革的历史进程也可以发现，只有对与户籍制度相配套的公共产品和服务、社会福利制度及管理制度等方面进行改革，才能真正地实行户籍制度改革，放宽对流动农民的限制，如国家通过取消粮食供给制度、燃料供给制度等，为推动户籍制度改革提供了动力。此外，大城市的户籍制度改革与小城镇是不同的，原因在于大城市的户籍伴随着更多的制度福利，由于地方政府支出能力的有限性，不能为本地户籍人口和流动农民提供相同的公共产品和服务，阻碍了户籍制度的改革。若一味地要求政府放宽户籍管制会给政府带来财政压力，不利于地方的长久发展，而减少户籍所匹配的福利制度，在一定程度上可以为推动户籍制度改革带来巨大动力。也就是说，推动户籍改革的同时也应进行社会保障和社会福利制度改革，由于户籍制度改革涉及其他福利制度的改革，因此可以将户籍制度作为突破口，倒逼我国进行其他一系列制度改革，从而提高我国城镇化水平，加速我国城镇化进程。

其次，增加流动农民社会福利，逐步实现公共服务均等化。我国现有的户籍管理制度门槛较高，使得大部分流动农民难以获得户籍，不能享受市民的福利待遇，但考虑到政府财政支出的局限性，也不能要求政府对全部流动农民提供公共产品和福利制度。因此，户籍制度改革应该使得流动农民逐步获得更加均等化的公共服务和社会福利，逐渐获得城市户籍。为此，全面实施居住证制度可作为“缓冲制度”。居住证制度下地方政府可根据常住人口提供教育、就业、养老、医疗及住房保障等基本公共服务以实现优化农民公共品供给空间结构的目的。由此，居住证制度的实施既保证了流动农民在当前工作居住地的社会福利待遇，又保护了流动农民在原籍地区应有权益，符合市场经济发展的需要。从流动农民的公共品具体需求出发，逐渐实现社会福利的均等化，是推进户籍制度改革的重要过程。

最后，扩宽流动农民到本地户籍人口的制度通道。为了适应城市对人才的需要，应改变传统的对流动人口的控制方式，建立新的促进人口流动的制度通道。我国人口流动的制度通道从最开始的招工、招学等渠道，到小城镇户籍制度改革和“蓝印户口”政策的实行，都表明了流动农民融入城市的制度通道在不断地拓展和丰富。目前，我国大城市的户籍管理制度严格，涉及部门较多，获得户籍的手续和流程烦琐，因此需要建立一个流动农民向本地居民转变的制度通道，使得流动农民从临时居住，到长期居住，再到获得户籍成为本地居民。此外，应根据城市对人才的需求，引导流动人口有条件的分类别的进入，不仅要关注对人才的引进，也要注重不同群体的流动，促进户籍政策转为“以人为本”的民生政策。

参考文献

[1] 埃莉诺·奥斯特罗姆. 公共资源的未来：超越市场失灵和政府管制 [M]. 郭冠清，译. 北京：中国人民大学出版社，2015.

[2] 安雅丽，杨淑娥. 城乡一体化背景下河北新生代农民工教育需求研究 [J]. 继续教育研究，2012 (2)：14－15.

[3] 敖荣军，刘松勤. 人口流动与产业集聚互动的机制与过程——理论解读及经验证据 [J]. 湖北社会科学，2016 (6)：80－85.

[4] 奥尔多·舒尔茨. 经济增长与农业 [M]. 郭熙保，译. 北京：中国人民大学出版社，2014.

[5] 白南生，李靖. 农民工就业流动性研究 [J]. 管理世界，2008 (7)：70－76.

[6] 蔡金阳. 新农村建设重在农村公共品的提供——以枧田村建设新农村为例 [J]. 华南农业大学学报 (社会科学版)，2006 (s1)：27－32.

[7] 蔡起华，朱玉春. 社会信任、关系网络与农户参与农村公共产品供给 [J]. 中国农村经济，2015 (7)：57－69.

[8] 蔡翼飞，张车伟. 地区差距的新视角：人口与产业分布不匹配研究 [J]. 中国工业经济，2012 (5)：31－43.

[9] 蔡志海. 流动民工现代性的探讨 [J]. 华中师范大学学报 (人文社会科学版)，2004 (3)：65－69.

[10] 曹建云. 劳动力流动、人力资本地区集中与人力资本提升 [J]. 华南理工大学学报 (社会科学版)，2016 (5)：36－42.

[11] 陈本凤，周敏. 中国西部农村公共品供给研究——基于多元供给主体博弈

的视角［J］. 农村经济与科技，2012（11）：112－114.

［12］陈池波，胡振虎，傅爱民. 新农村建设中公共产品供给问题研究［J］. 中南财经政法大学学报，2006（4）：34－38.

［13］陈丰. 农民工“虚城市化”现象及其治理［J］. 城市问题，2013（1）：98－102.

［14］陈共. 财政学［M］. 北京：中国人民大学出版社，2017.

［15］陈景云，刘志光. 流动人口积分制管理的效果分析——以深圳市为例［J］. 中国人口科学，2013（6）：91－101.

［16］陈俊红，吴敬学，周连第. 北京市新农村建设与公共产品投资需求分析［J］. 农业经济问题，2006（7）：9－12.

［17］陈强，黄薇. 后税费时代的农村公共产品供给［J］. 贵州财经大学学报，2005（4）：60－63.

［18］陈思霞，卢盛峰. 分权增加了民生性财政支出吗？——来自中国“省直管县”的自然实验［J］. 经济学（季刊），2014（4）：1261－1282.

［19］陈霞，申屠珊. 城市化进程中新生代农民工随迁子女教育研究——基于教育认知度及教育行为的视角［J］. 城市发展研究，2012（4）：95－100.

［20］陈旭峰，田志锋，钱民辉. “半城市化”的政治边缘人——农民工的社会融入状况对政治参与意愿的影响分析［J］. 浙江社会科学，2010（8）：71－76.

［21］陈永新. 中国农村公共产品供给制度的创新［J］. 四川大学学报（哲学社会科学版），2005（1）：5－9.

［22］陈桢. 产业结构与就业结构关系失衡的实证分析［J］. 山西财经大学学报，2007（10）：32－37.

［23］陈振明，李德国. 基本公共服务的均等化与有效供给——基于福建省的思考［J］. 中国行政管理，2011（1）：47－52.

［24］陈志敏，张明，司丹. 中国的 PPP 实践：发展，模式，困境与出路［J］. 国际经济评论，2015（4）：68－84.

[25] 大卫·休谟. 人性论 [M]. 关文运，译. 北京：商务印书馆，1980.

[26] 邓可斌，丁菊红. 转型中的分权与公共品供给：基于中国经验的实证研究 [J]. 财政研究，2009.

[27] 邓玲娟，刘巧花，吴红敏等. 新生代农民工教育需求困境、原因及对策思路——基于西安市的实证分析 [J]. 经济研究导刊，2011 (25)：53-55.

[28] 邓智团，但涛波. 论我国农村剩余劳动力转移与区域产业结构演变 [J]. 中国农村经济，2005 (8)：30-36.

[29] 董理，张启春. 我国地方政府公共支出规模对人口迁移的影响——基于动态空间面板模型的实证研究 [J]. 财贸经济，2014 (12)：40-50.

[30] 董理. 我国农村非农产业群体的社会保障制度探析 [J]. 武汉理工大学学报（社会科学版），2001 (5)：424-427.

[31] 董明涛，孙钰. 我国农村公共产品供给主体合作模式研究 [J]. 经济问题探索，2010 (11)：33-38.

[32] 董昕. 中国农民工住房问题的历史与现状 [J]. 财经问题研究，2013 (1)：117-123.

[33] 董延芳，刘传江. 第二代农民工社会保障及相关问题分析 [J]. 保险研究，2008 (5)：57-59.

[34] 都阳，朴之水. 劳动力迁移收入转移与贫困变化 [J]. 中国农村观察，2003 (5)：2-9.

[35] 豆建民，刘欣. 中国区域基本公共服务水平的收敛性及其影响因素分析 [J]. 财经研究，2011 (10)：37-47.

[36] 杜巍，杨婷，靳小怡. 中国城镇化背景下农民工公共服务需求层次的代次差异研究 [J]. 西安交通大学学报（社会科学版），2016 (3)：77-87.

[37] 杜小敏，陈建宝. 人口迁移与流动对我国各地区经济影响的实证分析 [J]. 人口研究，2010 (3)：77-88.

[38] 段平忠，刘传江. 人口流动对经济增长地区差距的影响 [J]. 中国软科学，2005 (12)：99-110.

[39] 段平忠，刘传江. 中国省际人口迁移对地区差距的影响 [J]. 中国人口·资源与环境，2012 (1)：60 – 67.

[40] 段平忠. 我国人口流动对区域经济增长收敛效应的影响 [J]. 人口与经济，2008 (4)：1 – 5.

[41] 段哲哲，黄伟任. 流动人口对地方政府基础教育公共财政支出的影响研究——基于 2010 – 2014 年福建省 58 个县市数据分析 [J]. 教育学术月刊，2016 (6)：46 – 52.

[42] 樊纲. 缩小地区性差异的途径——在要素流动中缩小“人均收入”的差距 [J]. 中国国情国力，1995 (4)：4 – 5.

[43] 樊丽明，解垩，石绍宾. 基于农户视角的农村公共品供需均衡研究 [J]. 当代经济科学，2008 (5)：54 – 64.

[44] 樊丽明，石绍宾. 当前中国农村公共品政府供给机制的运行及完善 [J]. 税务研究，2008 (12)：9 – 14.

[45] 樊丽明，石绍宾. 公共品供给机制：作用边界变迁及影响因素 [J]. 当代经济科学，2006 (1)：63 – 68，126.

[46] 樊士德，姜德波. 劳动力流动与地区经济增长差距研究 [J]. 中国人口科学，2011 (2)：27 – 38.

[47] 樊晓燕. 农民工社会保障需求差异性研究——基于苏州、深圳调查数据的分析 [J]. 西北农林科技大学学报（社会科学版），2010 (1)：1 – 6.

[48] 范红忠，李国平. 资本与人口流动及其外部性与地区经济差异 [J]. 世界经济，2003 (10)：50 – 61.

[49] 范先佐. 教育公平与制度保障——进城务工人员子女接受义务教育的现状分析 [J]. 教育发展研究，2007 (23)：5 – 9.

[50] 范子英，张军. 转移支付，公共品供给与政府规模的膨胀 [J]. 世界经济文汇，2013 (2)：1 – 19.

[51] 方丰，奉莹，徐冬. 人口流动对人口老龄化的影响——基于广东省的实证研究 [J]. 西北人口，2010 (2)：49 – 52.

[52] 方凯，王厚俊. 基于因子分析的农村公共品农民满意度评价研究——以湖北省农户调查数据为例［J］. 农业技术经济，2012（6）：30－36.

[53] 方行明，韩晓娜. 劳动力供求形势转折之下的就业结构与产业结构调整［J］. 人口学刊，2013（2）：60－70.

[54] 费景汉，拉尼斯. 劳动剩余经济的发展：理论与政策［M］. 赵天朗，等译. 北京：经济科学出版社，1992.

[55] 冯海波. 公共品需求偏好显示机制：一个理论回顾［J］. 产经评论，2012（2）：89－96.

[56] 冯胜花，李彬. 政府在农村公共产品供给中行为缺失与对策研究［J］. 农村经济，2006（7）：16－18.

[57] 付文林，沈坤荣. 均等化转移支付与地方财政支出结构［J］. 经济研究，2012（5）：45－57.

[58] 付文林. 人口流动、增量预算与地方公共品的拥挤效应［J］. 中国经济问题，2012（1）：41－53.

[59] 付文林. 人口流动的结构性障碍：基于公共支出竞争的经验分析［J］. 世界经济，2007（12）：32－40.

[60] 傅广宛，杨宝强. 农民公共产品权益保障的逻辑演进——从公共产品最优供给模式不足到次优供给模式契合［J］. 兰州学刊，2015（4）：196－200.

[61] 傅勇，张晏. 中国式分权与财政支出结构偏向：为增长而竞争的代价［J］. 管理世界，2007（3）：4－12，22.

[62] 傅勇. 财政分权，政府治理与非经济性公共品供给［J］. 经济研究，2010（8）：4－15.

[63] 傅勇. 中国的分权为何不同：一个考虑政治激励与财政激励的分析框架［J］. 世界经济，2008（11）：16－25.

[64] 干春晖，郑若谷. 改革开放以来产业结构演进与生产率增长研究——对中国1978－2007年“结构红利假说”的检验［J］. 中国工业经济，2009

(2)：55－65.

[65] 甘行琼，刘大帅．论户籍制度、公共服务均等化与财政体制改革［J］．财政研究，2015（3）：91－96.

[66] 高伟．特大城市人口集聚的治理［J］．社会治理，2018（1）：89－94.

[67] 高云虹，符迪贤．异质劳动力与工业空间集聚——基于中心—外围模型的扩展分析［J］．财经科学，2015（11）：55－66.

[68] 葛笑如，杨珉．建立农民工社会保障制度的困难与对策［J］．农村经济，2007（9）：69－71.

[69] 龚放波．论农村公共产品与农民负担［J］．内蒙古农业大学学报（社会科学版），2004（3）：50－52.

[70] 龚锋，卢洪友．公共支出结构，偏好匹配与财政分权［J］．管理世界，2009（1）：10－21.

[71] 龚金保．需求层次理论与公共服务均等化的实现顺序［J］．财政研究，2007（10）：33－35.

[72] 龚俊朋．论社会流动视域下新生代农民工的教育需求［J］．河南科技学院学报，2011（10）：42－45.

[73] 谷洪波，王建军．农村公共产品供给体锹效率分析及模式选择［J］．商业研究，2005（21）：33－36.

[74] 官永彬．民主与民生：分权体制下公众参与影响公共服务效率的经验研究［J］．经济管理，2016（1）：177－187.

[75] 郭家虎．农民工社会保障问题研究综述［J］．中国外资，2008（10）：151－152.

[76] 郭建华．我国政府与社会资本合作模式（PPP）有关税收问题研究［J］．财政研究，2016（3）：77－90.

[77] 郭平，洪源．需求偏好表达机制与村级公共品供给研究［J］．吉林工商学院学报，2004（1）：10－12.

[78] 郭少新. 地方公共品的私人供给分析 [J]. 生产力研究, 2004 (9): 71 -72.

[79] 郭新华, 夏瑞洁. 改革开放以来农村居民消费结构的时序变化和地区差距 [J]. 经济问题探索, 2010 (6): 25 -30.

[80] 郭泽保. 建立和完善农村公共产品需求选择的表达机制 [J]. 中国行政管理, 2004 (12): 17 -20.

[81] 郭泽保. 政府在农村公共产品供给中的职能分析 [J]. 中共福建省委党校学报, 2005 (4): 29 -32.

[82] 哈尔. R. 范里安. 微观经济学现代观点 [M]. 费方域, 等译. 上海: 格致出版社, 上海三联出版社, 上海人民出版社, 2013.

[83] 韩川. 城镇化与城乡公共服务均等化关系研究 [J]. 经济问题探索, 2016 (7): 79 -84.

[84] 韩华. 新生代农民工教育需求与成人高等职业教育的改革创新 [J]. 武汉船舶职业技术学院学报, 2011 (6): 5 -8.

[85] 韩俊强, 孟颖颖, 姚紫薇. 完善农民工社会保障体系的对策 [J]. 经济纵横, 2012 (12): 20 -23.

[86] 韩清轩. 我国农田水利设施建设存在的问题与对策——从公共产品视角进行的分析 [J]. 山西财政税务专科学校学报, 2007 (1): 6 -10.

[87] 郝杰. 我国农村公共品的双层治理研究 [J]. 安徽农业科学, 2013 (1): 367 -369.

[88] 何平, 华迎放. 非正规就业群体社会保障问题研究 [M], 北京: 中国劳动社会保障出版社, 2008: 75 -84.

[89] 贺大兴. 乡镇撤并改革和农村经济增长 [J]. 南方经济, 2012 (10): 51 -62.

[90] 贺林波, 李燕凌. 农村公共产品有效供给的三维目标 [J]. 湖南社会科学, 2014 (2): 77 -80.

[91] 洪小良. 城市农民工的家庭迁移行为及影响因素研究——以北京市为例 [J].

中国人口科学，2007（6）：42－50.

[92] 洪源. 村级公共品供给模式创新——建立公共品需求偏好表达机制［J］. 山西财政税务专科学校学报，2004（3）：63－66.

[93] 侯佳伟. 人口流动家庭化过程和个体影响因素研究［J］. 人口研究，2009（1）：55－61.

[94] 侯力. 劳动力流动对人力资本形成与配置的影响［J］. 人口学刊，2003（6）：34－39.

[95] 胡枫，王其文. 中国农民工汇款的影响因素分析——一个区间回归模型的应用［J］. 统计研究，2007（10）：20－25.

[96] 胡枫. 中国农村劳动力转移的研究：一个文献综述［J］. 浙江社会科学，2007（1）：207－212.

[97] 胡恒钊，文丽娟. 农民工流动子女教育中的断链现象与解决策略［J］. 现代中小学教育，2015（9）：22－25.

[98] 胡兴禹. 对我国农村公共产品非均衡与农民收入增长问题的探讨［J］. 山东省农业管理干部学院学报，2004（3）：35－36.

[99] 华迎放. 农民工社会保障模式选择［J］. 中国劳动，2005（5）：20－23.

[100] 黄虹，许祺. 人口流动、产业结构转变对上海市绿色 GDP 的影响研究［J］. 中国软科学，2017（4）：94－108.

[101] 黄洪. 我国农村地区公共品的需求表达机制研究［D］. 成都：西南财经大学，2010.

[102] 黄君录，安宇. 新生代农民工教育需求的现状与特征——以苏北地区农民工为例［J］. 中国成人教育，2011（22）：116－118.

[103] 黄容，潘明清. 劳动力流动与中国农村居民消费结构——基于 LAIDS 模型的实证研究［J］. 财经理论与实践，2014（3）：116－120.

[104] 黄蓉. 中国对外贸易结构与产业结构的互动关系研究［D］. 上海：上海社会科学院，2014.

[105] 黄晓梅. 我国农民工教育培训存在的问题及解决对策探析 [J]. 湖北社会科学, 2009 (10): 185-188.

[106] 黄志冲. 农村公共产品供给机制创新的经济学研究 [J]. 中国农村观察, 2000 (6): 35-39.

[107] 黄祖辉, 许昆鹏. 农民工及其子女的教育问题与对策 [J]. 浙江大学学报 (人文社会科学版), 2006 (4): 108-114.

[108] 霍忻. 农村公共品供给收入效应的实证分析 [J]. 西北农林科技大学学报 (社会科学版), 2016 (4): 108-115.

[109] 嘉蓉梅, 肖德均. 农村公共产品短缺的制度制约及对策探讨 [J]. 天府新论, 2004 (5): 42-44.

[110] 贾俊雪, 郭庆旺, 刘晓路. 资本性支出分权、公共资本投资构成与经济增长 [J]. 经济研究, 2006 (12): 47-58.

[111] 贾俊雪, 郭庆旺. 财政支出类型, 财政政策作用机理与最优财政货币政策规则 [J]. 世界经济, 2012 (11): 3-30.

[112] 贾康, 苏京春. 新供给经济学 [M]. 太原: 山西经济出版社, 2016.

[113] 江霈, 冷静. 劳动力流动替代资本流动的辨析与展望 [J]. 财经科学, 2008 (12): 105-113.

[114] 江依妮. 外来人口聚集地区公共服务支出研究——以广东省为例 [J]. 人口与经济, 2013 (5): 56-62.

[115] 姜明伦, 于敏, 李红. 农民工健康贫困测量及影响因素分析——基于环境公平视角 [J]. 农业经济与管理, 2015 (6): 17-23.

[116] 姜竹, 宁丽辉. 我国农村公共品体制外供给的理性分析 [J]. 学术交流, 2008 (1): 81-84.

[117] 蒋长流. 就业身份锁定下农民工健康风险冲击及其管理 [J]. 中国卫生经济, 2006 (12): 47-49.

[118] 蒋满霖. 我国农村公共产品供给与农民负担研究 [J]. 南京农业大学学报 (社会科学版), 2003 (2): 56-59.

[119] 焦少飞. 农村强势成员与农村公共产品供给 [J]. 财经科学，2006 (6)：95 -101.

[120] 金晓伟. 构建需求导向的农村公共产品供给机制 [J]. 农村经济，2007 (11)：24 -26.

[121] 孔祥智，李圣军，马九杰. 农户对公共产品需求的优先序及供给主体研究——以福建省永安市为例 [J]. 社会科学研究，2006 (4)：47 -51.

[122] 匡远配，汪三贵. 构建农民增收长效机制问题研究综述 [J]. 学术交流，2006 (1)：79 -83.

[123] 匡远配，汪三贵. 贫困地区农村公共产品的需求结构研究——基于对 P、W 和 H 三县的调查 [J]. 新疆农垦经济，2005 (8)：47 -50.

[124] 匡远配. 中国扶贫政策和机制的创新研究综述 [J]. 农业经济问题，2005 (8)：45 -47.

[125] 兰晓红，方天堃. 税费改革后农村公共产品供给研究 [J]. 农村经济，2007 (3)：7 -9.

[126] 蓝春娣，任保平. 关于农民工社会保障问题的思考 [J]. 社会科学研究，2004 (5)：106 -111.

[127] 雷万鹏. 新生代农民工子女教育调查与思考 [J]. 华中师范大学学报 (人文社会科学版)，2013 (5)：139 -146.

[128] 黎炳盛. 村民自治下中国农村公共产品的供给问题 [J]. 开放时代，2001 (3)：72 -81.

[129] 黎东升，何蒲明. 我国农村公共品供给对农民消费影响的实证研究 [J]. 农业技术经济，2009 (6)：26 -30.

[130] 李斌，金秋宇，卢娟. 土地财政、新型城镇化对公共服务的影响 [J]. 首都经济贸易大学学报，2018 (4)：69 -78.

[131] 李成宇，史桂芬，杨锋锋. 城镇化进程中地方公共品的引致需求分析 [J]. 经济经纬，2016 (4)：8 -13.

[132] 李汉文，王征. 论农村公共品供给过程中的需求表述机制 [J]. 当代财

经，2005（10）：30－35.

[133] 李红浪．新生代农民工社会保障问题及对策［J］．江西社会科学，2013（10）：194－197.

[134] 李红勋．转型期农民工社会保障问题研究［J］．理论与改革，2016（2）：150－153.

[135] 李华．中国农村：公共品供给与财政制度创新［M］．北京：经济科学出版社，2005.

[136] 李继刚．农村社区公共品供给主体与模式研究［J］．山东农业大学学报（社会科学版），2016（1）：9－14.

[137] 李晶，汤琼峰．中国劳动力流动与区域经济收敛的实证研究［J］．经济评论，2006（3）：65－70.

[138] 李军刚，王巍．论政府在农民工教育培训中的责任与作用［J］．成人教育，2012（6）：37－39.

[139] 李俊霞．人口流动对农村经济社会发展的影响研究——基于四川省的数据［J］．农村经济，2014（10）：103－107.

[140] 李荣时．对当前我国流动人口的认识和思考［J］．人口研究，1996（1）：10－15.

[141] 李实．中国农村劳动力流动与收入增长和分配［J］．中国社会科学，1999（2）：16－33.

[142] 李拓，李斌，余曼．财政分权、户籍管制与基本公共服务供给——基于公共服务分类视角的动态空间计量检验［J］．统计研究，2016（8）：80－88.

[143] 李拓，李斌．中国跨地区人口流动的影响因素——基于 286 个城市面板数据的空间计量检验［J］．中国人口科学，2015（2）：73－83.

[144] 李学静，张金伟，赵维康．我国省际流动人口对产业集聚的反馈作用分析——基于第六次人口普查数据的实证分析［J］．西北人口，2013（2）：6－9.

[145] 李燕凌．农村公共品供给效率实证研究［J］．公共管理学报，2008（2）：

14 -23.

[146] 李燕凌. 农村公共品供给效率研究 [D]. 长沙：湖南农业大学，2007.

[147] 李燕凌. 我国农村公共品供求均衡路径分析及实证研究 [J]. 数量经济技术经济研究，2004，21 (7)：59 -65.

[148] 李义波. 农村居民公共产品需求偏好状况研究——对湖北省荆州市J镇的调查 [J]. 南京农业大学学报（社会科学版），2004 (4)：24 -27.

[149] 李英哲. 我国农村公共产品供求及制度创新研究 [D]. 成都：西南财经大学，2010.

[150] 李迎生. 中国社会保障制度模式的合理选择 [J]. 发展论坛，2003 (9)：20 -22.

[151] 李玉龙. 新生代农民工城市融入的必然选择——继续教育 [J]. 绵阳师范学院学报，2013 (7)：135 -137.

[152] 李月如. 农业转移人口基本公共服务需求表达机制研究 [J]. 商，2015 (51)：39.

[153] 梁波，王海英. 城市融入：外来农民工的市民化——对已有研究的综述 [J]. 人口与发展，2010 (4)：73 -85.

[154] 梁向东，殷允杰. 对我国产业结构变化之就业效应的分析 [J]. 生产力研究，2005 (9)：169 -171.

[155] 廖清成. 农村公共品供给优先序问题研究 [J]. 江西社会科学，2004 (12)：247 -251.

[156] 廖清成. 我国中部地区农村公共品供需偏好研究 [J]. 浙江学刊，2006 (1)：54 -59.

[157] 廖淑华，余光英. 二元劳动力市场下的人口流动模型及其政策含义——对托达罗人口流动模型的一个修正 [J]. 市场论坛，2004 (11)：64 -66.

[158] 林涛，胡豹. 我国公共品供给的城乡差异及统筹改革研究 [J]. 财经论丛（浙江财经大学学报），2007 (4)：27 -33.

[159] 林万龙. 经济发展水平制约下的城乡公共产品统筹供给：理论分析及其现

实含义［J］. 中国农村观察，2005（2）：31－37.

［160］刘冰，陶海青. 农民工培训市场运行低效的原因及对策建议［J］. 宏观经济研究，2008（4）：54－57.

［161］刘成奎，海鸣. 城市化过程中的农村基础设施供给研究——城市偏好视角［J］. 武汉理工大学学报（社会科学版），2011（3）：337－343.

［162］刘德吉. 流动人口基本公共服务均等化问题研究综述［J］. 江西行政学院学报，2016（2）：55－64.

［163］刘宏凯，解西伟. 农民需求导向型公共品供给决策机制的建构——黑龙江省农村公共品农民需求状况调查［J］. 学术交流，2010（3）：81－84.

［164］刘欢，张晨. 财政分权和人口流动对地方软公共品供给的影响［J］. 城市问题，2018（6）：73－79.

［165］刘欢. 民生财政支出、人口流动与经济增长——基于非线性面板门槛模型的实证分析［J］. 贵州财经大学学报，2018（1）：13－24.

［166］刘君. 财政分权、空间溢出与我国公共品供给研究［D］. 天津：南开大学，2014.

［167］刘俊. 对我国农民工社会保障缺失的主要原因分析［J］. 贵州民族大学学报（哲学社会科学版），2007（6）：99－103.

［168］刘林平，雍昕，舒玢玢. 劳动权益的地区差异——基于对珠三角和长三角地区外来工的问卷调查［J］. 中国社会科学，2011（2）：107－123.

［169］刘强. 中国经济增长的收敛性分析［J］. 经济研究，2001（6）：70－77.

［170］刘蓉，黄洪. 我国地方公共品的需求表达与决策机制研究——一个政治经济学的分析视角［J］. 当代经济研究，2011（11）：58－63.

［171］刘善槐，邬志辉. 新城镇化背景下我国农村教师的核心问题与政策应对［J］. 东北师大学报（哲学），2014（5）：187－190.

［172］刘尚希. 我国城镇化对财政体制的“五大挑战”及对策思路［J］. 地方财政研究，2012（4）：4－10.

［173］刘维俭，乔维德，石小平. 新生代农民工教育需求的实证调查与分析——

以江苏省常州市为例［J］. 广州城市职业学院学报，2010（4）：41－46.

［174］刘卫，谭宁. 论我国农村公共产品需求表达机制的构建——公共管理视角下的分析［J］. 农业经济，2008（5）：15－16.

［175］刘潇潇. 农民工子女平等受教育权之法理分析［J］. 法学杂志，2006（4）：95－97.

［176］刘小兵，蒋洪. 公共经济学［M］. 北京：高等教育出版社，2012.

［177］刘小锋，林坚. 转型期中国农村社区公共品需求显示研究综述［J］. 中国矿业大学学报（社会科学版），2007（3）：59－63.

［178］刘小鲁. 区域性公共品的最优供给：应用中国省际面板数据的分析［J］. 世界经济，2008（4）：86－95.

［179］刘义强. 建构农村需求导向型的公共产品供给制度——基于一项全国农村公共产品需求问卷调查的分析［J］. 华中师范大学学报（人文社会科学版），2006（2）：15－23.

［180］刘易斯. 二元经济论［M］. 施炜，等译. 北京：北京经济学院出版社，1989.

［181］刘银国. 农村公共产品供给矛盾与需求表达机制重构［J］. 安庆师范学院学报（社会科学版），2008（10）：15－18.

［182］卢芳霞. 组团式服务：农村社区公共服务供给机制创新——基于枫桥镇的实证研究［J］. 浙江社会科学，2011（6）：141－147.

［183］卢洪友，连信森. 中国公共部门劳动生产效率实证研究［J］. 经济评论，2010（3）：40－47.

［184］卢洪友，张军. 中国公共品供给制度变迁与制度创新［J］. 财政研究，2003（3）：9－11.

［185］陆璐珂. 新生代农民工继续教育体系构建的途径探析——以南宁市为例［J］. 广西广播电视大学学报，2013（2）：61－63.

［186］陆铭. 供给侧改革亟须加强供求的“空间匹配”［N］. 联合时报，2016－01－15：1－2.

[187] 陆铭. 供求的空间匹配 [J]. 上海国资，2016 (1): 17-17.

[188] 陆文聪，李元龙. 农民工健康权益问题的理论分析：基于环境公平的视角 [J]. 中国人口科学，2009 (3): 13-20.

[189] 罗万纯. 中国农村生活环境公共服务供给效果及其影响因素——基于农户视角 [J]. 中国农村经济，2014 (11): 65-72.

[190] 马珺. 公共品问题：文献述评 [J]. 中华女子学院学报，2012 (1): 5-17.

[191] 马克思. 资本论 [M]. 中共中央马克思恩格斯列宁斯大林著作编译局，译. 北京：人民出版社，2004.

[192] 马斯格雷夫. 比较财政分析 [M]. 董勤发，译. 上海：上海人民出版社，1996.

[193] 马晓河，方松海. 我国农村公共品的供给现状、问题与对策 [J]. 农业经济问题，2005 (4): 22-29.

[194] 曼瑟尔·奥尔森. 集体行动的逻辑 [M]. 陈郁，译. 上海：上海人民出版社，1965.

[195] 闵琪. 从公共品需求到公共品供需均衡：理论与现实 [D]. 济南：山东大学，2011.

[196] 闵琪. 税收负担、公共品层次与私人公共品需求——以山东省面板数据为例 [J]. 公共管理学报，2010 (1): 94-99.

[197] 聂伟，风笑天. 农民工的城市融入与精神健康——基于珠三角外来农民工的实证调查 [J]. 南京农业大学学报（社会科学版），2013 (5): 32-40.

[198] 牛建林，郑真真，张玲华等. 城市外来务工人员的工作和居住环境及其健康效应——以深圳为例 [J]. 人口研究，2011 (3): 64-75.

[199] 彭定赟，陈志平. 劳动力流动对我国城乡收入差距影响分析 [J]. 武汉理工大学学报，2009 (19): 164-167.

[200] 彭尚平，张涛，程嫱英. 城乡统筹下创新农村公共产品供给机制探析 [J]. 学术论坛，2012 (4): 129-132.

[201] 彭宅文，乔利滨．农民工社会保障的困境与出路——政策分析的视角［J］．甘肃社会科学，2005（6）：173－177.

[202] 亓寿伟，胡洪曙．转移支付、政府偏好与公共产品供给［J］．财政研究，2015（7）：23－27.

[203] 齐振宏，綦校海．农村公共品投入对农民纯收入影响的实证研究［J］．经济经纬，2010（6）：86－91.

[204] 钱文荣，应一逍．农户参与农村公共基础设施供给的意愿及其影响因素分析［J］．中国农村经济，2014（11）：39－51.

[205] 钱莹．新时期农民工继续教育问题探析［J］．学理论，2012（13）：111－112.

[206] 乔宝云，范剑勇，彭骥鸣．政府间转移支付与地方财政努力［J］．管理世界，2006（3）：50－56.

[207] 曲延春．农村公共产品供给中的政府责任担当：基于扩大内需视角［J］．农业经济问题，2012（3）：63－69.

[208] 任栋．劳动力流动视角下经济集聚与产业结构升级关系研究［J］．内蒙古社会科学（汉文版），2015（2）：84－89.

[209] 任勤．完善和创新农村公共产品的需求表达机制与决策机制［J］．福建论坛（人文社会科学版），2007（9）：29－32.

[210] 任远．“逐步沉淀”与“居留决定居留”——上海市外来人口居留模式分析［J］．中国人口科学，2006（3）：67－72.

[211] 阮荣平，刘力，郑风田．人口流动对输出地人力资本影响研究［J］．中国人口科学，2011（1）：83－91.

[212] 沈坤荣，唐文健．大规模劳动力转移条件下的经济收敛性分析［J］．中国社会科学，2006（5）：46－57.

[213] 盛亦男．中国流动人口家庭化迁居［J］．人口研究，2013（4）：66－79.

[214] 史桂芬，黎涵．人口迁移、劳动力结构与经济增长［J］．管理世界，2018（11）：174－175.

[215] 史桂芬，刘欢，王佳．中国式财政分权对公共教育支出影响的实证分析——基于非线性面板门槛模型的回归［J］．教育科学，2016（5）：11－15.

[216] 史桂芬，王佳．人口流动对地方医疗卫生支出影响的实证分析——基于空间面板模型［J］．东北师大学报（哲学社会科学版），2017（5）：25－30.

[217] 史金善．农村公共产品供给与贫困地区农民增收［J］．农业经济，2002（8）：4－5.

[218] 斯坦利·L．布鲁，兰迪·R．格兰特．经济思想史［M］．邸晓燕，等译．北京：北京大学出版社，2014.

[219] 宋健．中国农村人口的收入与养老［M］．北京：中国人民大学出版社，2006.

[220] 宋丽智，胡宏兵．我国农民工培训面临的问题及对策［J］．经济问题，2005（10）：43－45.

[221] 苏芳，尚海洋．农村空心化引发的新问题与调控策略［J］．甘肃社会科学，2016（3）：158－162.

[222] 苏晓艳，范兆斌．农民收入增长与农村公共产品供给机制创新［J］．管理现代化，2004（4）：47－50.

[223] 睢党臣．基于公平性的农村公共产品供给结构研究［J］．经济问题探索，2008（8）：17－21.

[224] 睢党臣．基于需求的农村公共产品供给结构研究［J］．吉林大学社会科学学报，2010（3）：130－137.

[225] 孙翠芬．将农民工纳入社会保障体系的思考［J］．当代经济，2008（17）：164－165.

[226] 孙福滨，李怀祖．中国人口迁移和人口流动的分类界定［J］．西安交通大学学报（社会科学版），2000（1）：53－55.

[227] 孙细望．农民工培训的障碍因子及突破对策［J］．安徽农业科学，2006（7）：1443－1445.

[228] 汤兆云．农民工与中国社会养老保险第四种类型的构建——基于2014年流动人口动态监测调查广东省数据的分析［J］．广东社会科学，2016（5）：196－203.

[229] 滕明雨，刘雨夕．农村公共品供给与农村经济发展的契合性［J］．学术交流，2015（5）：143－147.

[230] 田松青．农民工返乡创业的政府支持体系研究［J］．中国行政管理，2010（11）：94－97.

[231] 汪传艳．新生代农民工教育需求探析［J］．当代青年研究，2012（5）：64－70.

[232] 汪前元，李彩云．从公共产品需求角度看农村公共产品供给制度的走向［J］．湖北经济学院学报，2004（6）：66－69.

[233] 王春光．新生代农村流动人口的社会认同与城乡融合的关系［J］．社会学研究，2001（3）：63－76.

[234] 王德，朱玮，叶晖．1985～2000年我国人口迁移对区域经济差异的均衡作用研究［J］．人口与经济，2003（6）：1－9.

[239] 王德祥，李建军．人口规模、“省直管县”与地方公共品供给的影响——来自湖北省市、县两级数据的经验证据［J］．统计研究，2008（12）：15－21.

[236] 王广起，张德升．我国农村基础设施供给机制的完善与创新［J］．经济纵横，2006（5）：29－31.

[237] 王桂新，苏晓馨，文鸣等．城市外来人口居住条件对其健康影响之考察——以上海为例［J］．人口研究，2011（2）：60－72.

[238] 王国华．农村公共产品供给与农民收入问题研究［J］．中央财经大学学报，2004（1）：1－3.

[239] 王和，皮立波．谁来为农民工的明天“买单”［J］．中国金融，2004（4）：24－27.

[240] 王慧林．新生代农民工文化教育需求的现状分析及对策［J］．黑龙江教

育学院学报，2012（3）：3－5.

［241］王金国. 农村公共品供给主体的博弈研究——基于行为差异视角［J］. 农村经济，2012（6）：20－23.

［242］王金营，李庄园. 快速成长城市流动人口对财政支出规模影响研究——以宁波市为例［J］. 财政研究，2015（12）：82－89.

［243］王奎泉，范诗强. 农村区域性公共品有效供给的新视角——基于浙江村级公共品供给的调研［J］. 财经论丛（浙江财经大学学报），2011（4）：35－40.

［244］王奎泉，范诗强. 转型期村级公共品供给的机制创新［J］. 江西财经大学学报，2014（1）：45－50.

［245］王奎泉，赵玲玲. 村级公共品供给主体多元化研究［J］. 财经论丛，2014（10）：17－21.

［246］王磊，宋英杰. 农村公共产品供给体制与农村公共产品供给不足的关联分析［J］. 中央财经大学学报，2007（3）：13－17.

［247］王丽娟. 人口流动与财政竞争——基于财政分区和户口政策的比较视角［J］. 中央财经大学学报，2010（3）：17－21.

［248］王美琴. 新时期农民流动研究综述［J］. 临沂大学学报，2005（1）：125－129.

［249］王宁. 少数民族新生代农民工教育需求与影响因素实证研究——以昆明市为例［J］. 职业技术教育，2011（28）：65－69.

［250］王士海，李先德. 中国城乡公共产品供给失衡的制度性因素剖析［J］. 经济管理，2009（9）：157－162.

［251］王世官，朱珮瑶，万江等. 上海新生代农民工培训研究［J］. 上海农业科技，2013（1）：17－18.

［252］王书军. 中国农村公共产品供给主体及其供给行为研究［D］. 武汉：华中科技大学，2009.

［253］王涛，翟英军，程浩. 对城市农民工社会保障问题的理性思考［J］. 农

村经济，2005（3）：84－87.

[254] 王伟. 山东省农村居民公共卫生服务需求及影响因素研究［J］. 东岳论丛，2014（10）：155－158.

[255] 王伟勤. 西部地区农村空心化风险及其治理探析［J］. 西北大学学报（哲学社会科学版），2014（5）：69－75.

[256] 王伟同. 城市化进程与城乡基本公共服务均等化［J］. 财贸经济，2009（2）：40－45.

[257] 王蔚，彭庆军. 论农村公共服务需求表达机制的构建［J］. 湖南社会科学，2011（5）：98－100.

[258] 王小鲁，樊纲. 中国地区差距的变动趋势和影响因素［J］. 经济研究，2004（1）：33－44.

[259] 王毅杰，王微. 国内流动农民研究述评［J］. 河海大学学报（哲学社会科学版），2004（1）：1－6.

[260] 王永钦，丁菊红. 公共部门内部的激励机制：一个文献述评——兼论中国分权式改革的动力机制和代价［J］. 世界经济文汇，2007（1）：81－96.

[261] 王瑜，汪三贵. 农村贫困人口的聚类与减贫对策分析［J］. 中国农业大学学报（社会科学版），2015（2）：98－109.

[262] 王增文. 人口迁移、生育率及人口稳定状态的老龄化问题研究［J］. 中国人口·资源与环境，2014（10）：114－120.

[263] 王志刚，黄圣男，谷学军. 新生代农民工的发展困局及其破解路径［J］. 社会科学辑刊，2013（2）：65－69.

[264] 王竹林. 农民工市民化的目标与总体思路［J］. 发展研究，2009（5）：91－94.

[265] 王宗萍，段成荣. 第二代农民工特征分析［J］. 人口研究，2010（2）：39－44.

[266] 威廉·配第. 政治算术［M］. 马妍，译. 北京：中国社会科学出版社，2010.

[267] 卫龙宝，凌玲，阮建青．村庄特征对村民参与农村公共产品供给的影响研究——基于集体行动理论［J］．农业经济问题，2011（5）：48－53.

[268] 卫龙宝，朱西湖，伍骏骞．农户公共品需求偏好影响因素分析［J］．西北农林科技大学学报（社会科学版），2015（5）：34－40.

[269] 魏津生．中国城市流动人口的基本概念、状况和问题［J］．人口与计划生育，1999（6）：6－12.

[270] 魏立华，阎小培．中国经济发达地区城市非正式移民聚居区——“城中村”的形成与演进——以珠江三角洲诸城市为例［J］．管理世界，2005（8）：48－57.

[271] 文伟扬，刘玉兰，梁含嫣．新型城镇化背景下公共财政革新思路——一元财政分配破解二元城乡结构［J］．现代经济信息，2014（3）：1－3.

[272] 吴帆．中国流动人口家庭的迁移序列及其政策涵义［J］．南开学报（哲学社会科学版），2016（4）：103－110.

[273] 吴华安，杨云彦．中国农民工“半城市化”的成因、特征与趋势：一个综述［J］．西北人口，2011（4）：105－110.

[274] 吴开松，周薇．论需求导向型的民族地区农村公共产品供给机制［J］．中南民族大学学报（人文社会科学版），2011（5）：125－130.

[275] 吴理财．从流动农民的视角看公共产品的供给——皖、川、鄂三省问卷调查［J］．华中师范大学学报（人文社会科学版），2006（2）：8－14.

[276] 吴士健，薛兴利，左臣明．试论农村公共产品供给体制的改革与完善［J］．农业经济，2002（5）：14－16.

[277] 吴晓燕．新农村文化建设基层政府主导作用研究［D］．济南：山东师范大学，2012.

[278] 夏纪军．人口流动性，公共收入与支出——户籍制度变迁动因分析［J］．经济研究，2004（10）：56－65.

[279] 肖六亿．劳动力流动与地区经济差距［J］．经济体制改革，2007（3）：113－117.

[280] 谢建社，牛喜霞，谢宇. 流动农民工随迁子女教育问题研究——以珠三角城镇地区为例 [J]. 中国人口科学，2011 (1)：92 - 100.

[281] 谢露露. 产业结构调整、劳动力跨区域流动和集聚效应 [J]. 上海经济研究，2013 (1)：99 - 106.

[282] 熊巍. 我国农村公共产品供给分析与模式选择 [J]. 中国农村经济，2002 (7)：42.

[283] 徐丹丹，杨静，刘奇山. 城乡公共产品供给差异个案研究 [J]. 经济纵横，2009 (6)：70 - 73.

[284] 徐寒冰. 农民工医疗救助问题研究 [J]. 人口与经济，2008 (s1)：219 - 220.

[285] 徐鲲，肖干. 农村公共产品供给机制的创新研究 [J]. 探索，2010 (2)：90 - 94.

[286] 徐小青. 中国农村公共服务 [M]. 北京：中国发展出版社，2002.

[287] 徐勇. 挣脱土地束缚之后的乡村困境及应对——农村人口流动与乡村治理的一项相关性分析 [J]. 华中师范大学学报（人文社会科学版），2000 (2)：5 - 11.

[288] 徐增阳，古琴. 农民工市民化：政府责任与公共服务创新 [J]. 华南师范大学学报（社会科学版），2010 (1)：22 - 24.

[289] 许保利. 提高农民收入关键在于转移农村剩余劳动力 [J]. 财经问题研究，2002 (10)：48 - 52.

[290] 许召元，李善同. 区域间劳动力迁移对地区差距的影响 [J]. 经济学（季刊），2009 (1)：53 - 76.

[291] 闫伟. 新生代农民工教育需求分析 [J]. 继续教育研究，2008 (10)：37 - 39.

[292] 严辉. 农民工子女教育问题探析 [J]. 人才资源开发，2010 (6)：34 - 35.

[293] 严新明，杨海芬. 新生代农民工社会保障问题及其出路 [J]. 阅江学刊，2011 (1)：36 - 41.

[294] 阎坤，王进杰．公共品偏好表露与税制设计研究［J］．经济研究，2000（10）：61－66．

[295] 阎万英，尹英华．中国农业发展史［M］．天津：天津科学出版社，1993．

[296] 颜银根．FDI、劳动力流动与非农产业集聚［J］．世界经济研究，2014（2）：67－74．

[297] 杨波．企业投资农民工人力资本动机分析——基于内生动力的视角［J］．经济学家，2014（7）：102－104．

[298] 杨剑，程勇．农村公共品多元协作供给的机制构建［J］．农村经济，2014（12）：15－19．

[299] 杨靳．人口迁移如何影响农村贫困［J］．中国人口科学，2006（4）：64－69．

[300] 杨立雄．“进城”，还是“回乡”？——农民工社会保障政策的路径选择［J］．湖南师范大学社会科学学报，2004（2）：59－63．

[301] 杨亮，杨胜利．上海市流动人口特征与区域经济发展关系研究［J］．人口与社会，2014（1）：22－26．

[302] 杨全社．基于马斯洛需求层次理论的公共产品分类及其对公共产品供给管理的意义［J］．经济研究参考，2010（20）：19－28．

[303] 杨蔚，胡博，杨锦秀，傅新红．省际人口迁移缩小地区收入差距的作用机制探讨［J］．农业技术经济，2008（6）：63－72．

[304] 杨绪松，靳小怡，肖群鹰等．农民工社会支持与社会融合的现状及政策研究——以深圳市为例［J］．中国软科学，2006（12）：18－26．

[305] 杨云帆，罗仁福，张林秀等．农村村级公共投资结构与变迁——基于5省101村的长期跟踪调查［J］．中国农村经济，2015（1）：73－84．

[306] 杨子慧，萧振禹．流动人口与城市化［J］．人口与经济，1996（5）：33－38．

[307] 姚枝仲，周素芳．劳动力流动与地区差距［J］．世界经济，2003（4）：35－44．

[308] 叶建亮. 歧视性公共产品分配政策与城市人口控制——对户籍制度的一个新政治经济学分析 [C] //中国制度经济学年会论文集，2006.

[309] 叶兴庆. 论农村公共产品供给体制的改革 [J]. 经济研究，1997 (6): 57-62.

[310] 易龙飞，朱浩. 流动人口居住质量与其健康的关系——基于中国 15 个大中城市的实证分析 [J]. 城市问题，2015 (8): 67-73.

[311] 易莹莹. 人口流动对重庆人口老龄化的影响——基于重庆市"六普"数据 [J]. 人口与社会，2015 (3): 34-42.

[312] 尹德挺，陈可，常国珍. "农民工困境"与困境中的农民工——以北京市为例 [J]. 中国党政干部论坛，2008 (9): 30-32.

[313] 应瑞瑶，马少晔. 劳动力流动、经济增长与城乡收入差距——基于 1993～2007 年重新估算的面板数据 [J]. 南京农业大学学报（社会科学版），2011 (2): 63-71.

[314] 于之倩，李郁芳. 财政分权下地方政府行为与非经济性公共品——基于新制度经济学的视角 [J]. 暨南学报（哲学社会科学版），2015 (2): 102-109.

[315] 余长林. 财政分权、公共品供给与中国城乡收入差距 [J]. 中国经济问题，2011 (5): 38-47.

[316] 俞锋. 农村社区公共产品的需求意愿及影响因素研究—以江苏为例 [D]. 南京：南京农业大学，2009.

[317] 袁连生. 农民工子女义务教育经费负担政策分析 [J]. 中国教育学刊，2010 (2): 48-53.

[318] 袁庆林，陈毅辉. 试论我国新生代农民工多元培训模式的构建与完善 [J]. 农业经济，2012 (3): 104-106.

[319] 约翰·斯图亚特·穆勒. 政治经济学原理 [M]. 金镝，金熠，译. 北京：华夏出版社，2017.

[320] 岳军. 农村公共产品供给与农民收入增长 [J]. 山东社会科学, 2004 (1): 84-87.

[321] 岳书铭. 农村社区公共产品的需求意愿及影响因素研究—以江苏为例 [D]. 南京: 南京农业大学, 2007.

[322] 查勇, 梁云凤. 在公用事业领域推行 PPP 模式研究 [J]. 中央财经大学学报, 2015 (5): 19-25.

[323] 曾松亭. 贫困地区农村公共产品的需求特征研究 [J]. 中国农业资源与区划, 2006 (3): 47-49.

[324] 曾煜. 新生代农民工的社会保障诉求及实现路径 [J]. 北京劳动保障职业学院学报, 2010 (4): 177-181.

[325] 翟振武, 侯佳伟. 北京市外来人口聚集区: 模式和发展趋势 [J]. 人口研究, 2010 (1): 30-42.

[326] 翟振武. 城乡一体化发展、削峰填谷、共同迎接人口老龄化挑战 [J]. 人口研究, 1996 (5): 54-61.

[327] 詹慧龙, 刘虹, 唐冲. 我国农业基础设施建设及服务需求研究 [J]. 农村经济, 2015 (12): 116-120.

[328] 张车伟, 蔡翼飞. 人口与经济分布匹配视角下的中国区域均衡发展 [J]. 人口研究, 2013 (6): 3-16.

[329] 张车伟. 中国 30 年经济增长与就业: 构建灵活安全的劳动力市场 [J]. 中国工业经济, 2009 (1): 18-28.

[330] 张晗, 何静. 城乡公共品供给的成本差异与农村公共品供给 [J]. 湖北科技学院学报, 2012 (3): 115-118.

[331] 张航空. 人口流动对中国不同省份人口老龄化的影响 [J]. 人口学刊, 2015 (1): 95-102.

[332] 张建武, 宋国庆, 邓江年. 产业结构与就业结构的互动关系及其政策含义 [J]. 经济与管理研究, 2005 (1): 19-22.

[333] 张杰，汪进元. 农民工子女受教育权的平等保护 [J]. 华东政法大学学报，2009 (2)：20 – 28.

[334] 张军，周黎安. 为增长而竞争：中国增长的政治经济学 [M]. 上海：上海人民出版社，2008.

[335] 张力跃，于伟. 以减少农民和富裕农民为本——新时期农村职业教育的办学路向调整和农民工培训的城乡联动体系构建 [J]. 国家教育行政学院学报，2008 (2)：52 – 56.

[336] 张琳. 我国农村公共品供给问题研究综述 [J]. 学术探索，2007 (2)：29 – 34.

[337] 张鹏，王婷. 农村劳动力转移对农民收入的影响研究——对重庆市开县的实证分析 [J]. 重庆大学学报 (社会科学版)，2010 (5)：13 – 17.

[338] 张启春. 谈谈进城务工人员的社会保障问题 [J]. 江汉论坛，2003 (4)：117 – 120.

[339] 张勤. 创新农村公共产品供给主体的对策建议——基于对楚州区农村公共产品需求的问卷调查 [J]. 国家行政学院学报，2007 (4)：25 – 28.

[340] 张庆五. 关于人口迁移与流动人口概念问题 [J]. 人口研究，1988，12 (3)：17 – 18.

[341] 张士云，江激宇，栾敬东. 农村公共产品的供给与需求—基于安徽省 364 份调查问卷的分析 [J]. 中国农学通报，2009 (17)：331 – 336.

[342] 张婷，张启瑞. 新生代农民工居住形态与城市融入——基于城市社会学视角 [J]. 建筑与文化，2015 (10)：171 – 173.

[343] 张旺，邓小燕. 城市外来民工子女义务教育问题与对策研究——广州市外来民工子女义务教育个案研究 [J]. 山西大同大学学报 (自然科学版)，2006 (2)：105 – 108.

[344] 张文武. 集聚与扩散：异质性劳动力和多样化贸易成本的空间经济效应 [J]. 财经研究，2012 (7)：15 – 26.

[345] 张馨，袁星侯. 公益性·垄断性·收费性·竞争性———论公共基础设施投资多元化 [J]. 厦门大学学报（哲学社会科学版），2000（1）：56 - 62.

[346] 张雪绸. 农村公共产品供给与农民收入问题研究 [J]. 农村经济，2005（10）：62 - 65.

[347] 张雪绸. 新农村建设视角下的农村公共产品供给问题研究 [J]. 西安财经学院学报，2009（3）：64 - 67.

[348] 张义博，刘文忻. 人口流动、财政支出结构与城乡收入差距 [J]. 中国农村经济，2012（1）：16 - 30.

[349] 张翼，周小刚. 我国流动人口子女受教育状况调查报告 [J]. 调研世界，2012（1）：16 - 20.

[350] 赵丙奇. 农民负担与农村公共产品供给 [J]. 经济问题探索，2002（11）：57 - 60.

[351] 赵农，刘小鲁. 区位性因素与公共品的最优供给 [J]. 经济研究，2008（10）：93 - 102.

[352] 赵蓉. 对甘肃省农村以土地为核心的社会医疗保障的现实调查和反思 [J]. 甘肃政法学院学报，2005（3）：100 - 107.

[353] 赵伟，李芬. 异质性劳动力流动与区域收入差距：新经济地理学模型的扩展分析 [J]. 中国人口科学，2007（1）：27 - 35.

[354] 郑功成，黄黎若莲. 中国农民工问题：理论判断与政策思路 [J]. 中国人民大学学报，2006（6）：123 - 133.

[355] 钟晓敏. 公共财政评论 2014 [M]. 杭州：浙江大学出版社，2014.

[356] 周毕芬，阙春萍. 农民工：城市社会保障系统应该覆盖的对象 [J]. 喀什师范学院学报，2004（5）：12 - 14.

[357] 周兵，徐爱东. 产业结构与就业结构之间的机制构建——基于中国产业结构与就业结构之间关系的实证 [J]. 软科学，2008（7）：84 - 87.

[358] 周波. 人口流动背景下农村基本公共服务供给的困境研究 [D]. 长沙：

中南大学，2010.

[359] 周昌林，魏建良. 产业结构水平测度模型与实证分析——以上海、深圳、宁波为例 [J]. 上海经济研究，2007 (6)：15 – 21.

[360] 周皓. 人口流动对生育水平的影响：基于选择性的分析 [J]. 人口研究，2015 (1)：14 – 28.

[361] 周皓. 中国人口迁移的家庭化趋势及影响因素分析 [J]. 人口研究，2004 (6)：60 – 69.

[362] 周慧. 农村公共基础设施供给中的政府行为分析——以石门县为例 [J]. 农村经济与科技，2013 (6)：120 – 122.

[363] 周江洪，黄卉. 高铁时代发展乡村休闲游的对策初探 [J]. 中国城市经济，2011 (1)：91 – 91.

[364] 周靖祥. 中国农村经济增长："空巢化"转变及相机选择——来自 1978 – 2007 年的证据 [J]. 财经研究，2010 (6)：113 – 123.

[365] 周立新，李传昭. 农村小城镇化过程中政府投资行为的博弈论解释 [J]. 农业技术经济，2002 (4)：17 – 19.

[366] 周业安，章泉. 财政分权、经济增长和波动 [J]. 管理世界，2008 (3)：6 – 15.

[367] 周正祥，张秀芳，张平. 新常态下 PPP 模式应用存在的问题及对策 [J]. 中国软科学，2015 (9)：82 – 95.

[368] 朱海波. 进城务工农民子女义务教育平等权的法律保障及其制度困境 [J]. 湖南社会科学，2009 (4)：54 – 57.

[369] 朱建文，瞿晓强. 农村公共品有效供给研究综述 [J]. 华中农业大学学报（社科），2009 (6)：28 – 32.

[370] 朱妍，李煜. "双重脱嵌"：农民工代际分化的政治经济学分析 [J]. 社会科学，2013 (11)：66 – 75.

[371] 朱炎亮，万勇. 劳动力区间流动影响经济集聚的机理分析 [J]. 财经科

学，2015（4）：68－80.

[372] 诸培新，曲福田，刘洪彬．农户环境意识与环境投资需求偏好分析——以南京市城市边缘区为例［J］．南京农业大学学报（社会科学版），2007（3）：50－54.

[373] Alho J M. Migration, fertility, and aging in stable populations [J]. Demography, 2008 (3): 641－650.

[374] Anderson G F, Hussey P S. Population aging: a comparison among industrialized countries [J]. Health Affairs, 2000 (3): 191－203.

[375] Anselin L, Florax R J G M. Small sample properties of tests for spatial dependence in regression models: Some further results [M]. New directions in spatial econometrics, 1995.

[376] Anselin L. Spatial Econometrics: Methods and Models [J]. Economic Geography, 1988 (2): 160－162.

[377] Barro R, Xavier S. Economic growth [M]. Cambridge, MA: MIT Press, 2004.

[378] Barro R, Xavier S. Regional growth and migration: a Japan－U. S. comparison [J]. Journal of the Japanese and International Economies, 1992 (4): 312－346.

[379] Barro R. Economic Growth in a Cross Section of Countries [J]. The Quarterly Journal of Economics, 1991 (2): 407－443.

[380] Beine M, Docquier F, Rapoport H. Brain drain and economic growth: theory and evidence [J]. Journal of Development Economics, 2001 (1): 275－289.

[381] Beine M, Docquier F, Rapoport H. Brain Drain and Human Capital Formation in Developing Countries: Winners and Losers? [J]. The Economic Journal, 2008 (528): 631－652.

[382] Bergstrom T C, Goodman R P. Private Demands for Public Goods [J]. American Economic Review, 1973 (3): 280－296.

[383] Bhagwati J, Hamada K. The brain drain, international integration of markets

for professionals and unemployment: a theoretical analysis [J]. Journal of Development Economics, 1974 (1): 19 –42.

[384] Black D. The Theory of Committees and Elections [M]. Cambridge: Cambridge University Press, 1958.

[385] Bogue D J. Internal Migration [M] //The Study of Population: An Inventory and Appraisal. University of Chicago Press, 1959.

[386] Borcherding T E, Deacon T R. The demand for the services of non – federal governments [J]. The American economic review, 1972 (5): 891 –901.

[387] Briscoe J. Toward Equitable and Sustainable Rural Water Supplies: A Contingent Valuation Study in Brazil [J]. World Bank Economic Review, 1990 (4): 115 –134.

[388] Brookshire D S, M. A. Thayer, W. D. Schulze, and R. C. A. Arge. Comparison of Survey and Hedonic Approaches [J]. The American Economic Review, 1982 (72): 165 –177.

[389] Buchanan J M. An economic theory of clubs [J]. Economica, 1965 (32): 1 – 14.

[390] Burridge P. On the Cliff – Ord Test for Spatial Correlation [J]. Journal of the Royal Statistical Society, 1980 (1): 107 –108.

[391] Carl P S. Immigrants' ages and the structure of stationary populations with below – replacement fertility [J]. Demography, 1992 (4): 595 –612.

[392] Clark C. The Conditions of Economic Progress [M]. London: Macmillan & Co. Ltd, 1940.

[393] Coase R H. The Lighthouse in Economics [J]. Journal of Law and Economics, 1974 (2): 357 –376.

[394] Coase R H. The Problem of Social Cost [M]. Classic Papers in Natural Resource Economics. Palgrave Macmillan UK, 1960.

[395] Craig J. An urban – rural categorisation for wards and local authorities [J]. Population Trends 1987 (47): 6 – 11.

[396] De Jang G F, et al.. and J. T. Fawcett. Motivations for Migration: An Assessment and a Value – Expectancy Research Model [M]. Migration Decision Making, 1981.

[397] Dekel S, Fischer S, Zultan R. Potential Pareto Public Goods [J]. Journal of Public Economics, 2017 (146): 87 – 96.

[398] Dye T. , MacManus S. Politics in States and Communities: Pearson New International Edition [M]. Prentice hall Englewood cliffs, 1991.

[399] Edward H C. Multipart Pricing of Public Goods [J]. Public Choice, 1971 (1): 17 – 33.

[400] Edwards J H Y. Congestion function specification and the "publicness" of local public goods [J]. Journal of Urban Economics, 1990 (1): 80 – 96.

[401] Elhorst J P. Spatial panel data models [M]. Spatial econometrics, 2014.

[402] Fan C C. Migration and labor – market returns in urban China: results from a recent survey in Guangzhou [J]. Environment and Planning A, 2001 (3): 479 – 508.

[403] Fan C C. The elite, the natives, and the outsiders: Migration and labor market segmentation in urban China [J]. Annals of the Association of American Geographers, 2002 (1): 103 – 124.

[404] Fujita M, Hu D. Regional disparity in China 1985 ~ 1994: The effects of globalization and economic liberalization [J]. Annals of Regional Science, 2001 (1): 3 – 37.

[405] Fujita M, Mori T, Henderson J V, Kanemot Y. Spatial distribution of economic activities in Japan and China [J]. Handbook of Regional and Urban Economics, 2004 (4): 2911 – 2977.

[406] Gavrilov L A, Heuveline P. Aging of Population [J]. Encyclopedia of Popula-

tion, 2003 (1): 32 - 37.

[407] Gezici F, Hewings G J D. Regional Convergence and the Economic Performance of Peripheral Areas in Turkey [J]. Review of Urban and Regional Development Studies, 2004 (2): 113 - 132.

[408] Gibson B B. Estimating Demand Elasticities for Public Goods from Survey Data [J]. The American Economic Review, 1980 (5): 1069 - 1076.

[409] Graeme J H. Circular Migration in Indonesia [J]. Population and Development Review, 1982 (1): 59 - 83.

[410] Groves T, Ledyard J. Optimal Allocation of Public Goods: A Solution to the "Free Rider" Problem [J]. Econometrica, 1977 (4): 783 - 809.

[411] Groves T, Ledyard J. Reply to Comments by Tideman and Tullock and, Greenberg, Mackay and Tideman on Some Limitations of Demand Revealing Process [J]. Public Choice, 1977 (29): 139 - 143.

[412] Grubel H B, Scott A D. The International Flow of Human Capital [J]. American Economic Review, 1968 (3): 545 - 548.

[413] Hamilton B. Zoning and Property Taxation in a System of Local Governments [J]. Urban Studies, 1975 (12): 205 - 211.

[414] Haque U N, Kim S J. Human Capital Flight: Impact of Migration on Income and Growth [J]. Social Science Electronic Publishing, 1995 (3): 577 - 607.

[415] Hausman J A. Specification tests in econometrics [J]. Econometrica: Journal of the econometric society, 1978 (6): 1251 - 1271.

[416] Hines J R, Thaler R H. Anomalies: The Flypaper Effect [J]. The Journal of Economic Perspectives, 1995 (4): 217 - 226.

[417] James M B. An Economic Theory of Clubs [J]. Economica, New Series, 1965 (125): 1 - 14.

[418] Jellinek L. The rise and development of a vegetable trading enterprise [J]. Indonesia & the Malay World, 1978 (15): 29 - 38.

[419] Jorgenson, D W. Surplus agricultural labour and the development of a dual economy [J]. Oxford economic papers, 1967 (3): 288 -312.

[420] Karahan F, Rhee S. Population aging, migration spillovers, and the decline in interstate migration [J]. Staff Reports, 2017 (1).

[421] Keen M, Marchand M. Fiscal Competition and the Pattern of Public Spending [J]. Core Discussion Papers Rp, 1997 (1): 33 -53.

[422] Kollman K, Miller J H, Page S E. Political Institutions and Sorting in a Tiebout Model [J]. American Economic Review, 1997 (5): 977 -992.

[423] Kuznets S. Fertility Differentials between Less Developed and Developed Regions: Components and Implications [J]. Proceedings of the American Philosophical Society, 1975 (5): 363 -396.

[424] Lee E. A Theory of Migration [J]. Demography, 1966 (1): 47 -57.

[425] Lindahl E. Just Taxation—A Positive Solution [C]. London: Macmillan, 1918: 168 -177.

[426] Lucas R. Liquidity and interest rates [J]. Journal of Economic Theory, 1990 (2): 237 -264.

[427] Martin L G, Preston S H, Aytac I A. Demography of Aging [J]. American Journal of Sociology, 1995 (6): 1651 -1653.

[428] Maslow A H. A theory of human motivation. [J]. Psychological Review, 1943 (4): 370 -396.

[429] Mcgreer E, Mcmillan M L. Public Output Demands from Alternative Congestion Functions [J]. Journal of Urban Economics, 1993 (1): 95 -114.

[430] Mcmillan J, Whalley J, Zhu L. The Impact of China's Economic Reforms on Agricultural Productivity Growth [J]. Journal of Political Economy, 1989 (4): 781 -807.

[431] Means T S, Mehay S L. Estimating the Publicness of Local Government Services: Alternative Congestion Function Specifications [J]. Southern Economic

Journal, 1995 (3): 614 -627.

[432] Miyagiwa K. Scale Economies in Education and the Brain Drain Problem [J]. International Economic Review, 1991 (3): 743 -759.

[433] Murat K, Sirin S. Does Internal Migration Lead to Faster Regional Convergence in Turkey? An Empirical Investigation [R]. Discussion Paper, Turkish Economic Association, 2006, No. 6.

[434] Murat K, Sirin S. Migration and regional convergence: an empirical investigation for Turkey. Papers in Regional Science, 2008 (4): 483 -634.

[435] Musgrave R A. A Multiple Theory of Budget Determination [J]. Public Finance Analysis New Series, 1957: 333 -343.

[436] Musgrave R A. The Theory of Multi - level Public Finance [J]. Proceedings of the Annual Conference on Taxation under the Auspices of the National Tax Association, 1959 (52): 266 -278.

[437] Ottaviano G I. P., Puga D. Agglomeration in the global economy: A survey of the "New economic geography" [J]. Word Economy, 1998 (6): 707 -731.

[438] Ozgen M, Serce S, Kaya C. Phytochemical and antioxidant properties of anthocyanin - rich Morus nigra and Morus rubra fruits [J]. Scientia Horticulturae, 2009 (119): 275 -279.

[439] Pigou A C. Some Problems of Foreign Exchange [J]. Economic Journal, 1920 (120): 460 -472.

[440] Pommerehne W W, Frey B S. Two Approaches to Estimating Public Expenditure [J]. Public Finance Quarterly, 1976 (9): 255 -280.

[441] Ramsey F P. A Mathematical Theory of Saving [J]. The Economic Journal, 1928 (152): 543 -559.

[442] Rasch A, Hodek J, Runge C, Greiner W. Determinants of Willingness to Pay for New Therapy in a Sample of Menopausal - aged Women [J]. Pharmacoeconomics, 2009 (27): 693 -704.

[443] Ravenstein E. G. The laws of migration [J]. Journal of the Royal Statistical Society, 1885 (2): 167 -235.

[444] Robert E B L, Stark O. Motivations to Remit: Evidence from Botswana [J]. Journal of Political Economy, 1985 (5): 901 -918.

[445] Romer P. Human capital and growth: Theory and evidence [J]. Carnegie - Rochester Conference Series on Public Policy, 1990 (1): 251 -286.

[446] Romer T, Rosenthal H. Bureaucrats Versus Voters: On the Political Economy of Resource Allocation by Direct Democracy [J]. Quarterly Journal of Economics, 1979 (93): 563 -587.

[447] Rosen S. Hedonic Prices and Implicit Markets: Product Differentiation in Pure Competition [J]. Journal of Political Economy, 1974 (1): 34 -55.

[448] Salamon L M. The Rise of the Nonprofit Sector [J]. Foreign Affairs. 1994 (4): 109 -122.

[449] Samuelson P A. Diagrammatic Exposition of A Theory of Public Expenditure [J]. Review of Economics and Statistics, 1955 (4): 350 -356.

[450] Samuelson P A. The Pure Theory of Public Expenditure [J]. The Review of Economics and Statistics, 1954 (11): 387 -389.

[451] Sandler T, Tschirhart J T. The Economic Theory of Club: An Evaluative Survey [J]. The Journal of Economoic Literature, 1980 (18): 1481 -1521.

[452] Sjaastad L A. The Costs and Returns of Human Migration [J]. Journal of Political Economy, 1962 (5): 80 -93.

[453] Smith A. The wealth ofnations [M]. New York: The Modern Library, 1776.

[454] Solow R M. A contribution to the theory of economic growth [J]. Quarterly Journal of Economics, 1956 (1): 65 -94.

[455] Stark O, Bloom D E. The New Economics of Labor Migration [J]. The American Economic Review, 1985 (2): 173 -178.

[456] Stark O, Helmenstein C, Prskawetz A. A brain gain with a brain drain. [J].

Economics letters, 1997 (2): 227 -234.

[457] Stark O, Helmenstein C, Prskawetz A. Human capital depletion, human capital formation, and migration: a blessing or a "curse"? [J]. Economics Letters, 1998 (3): 363 -367.

[458] Stein O, Westerlund O. Industrial structure, regional productivity and convergence: the case of Norway and Sweden [J]. European Urban and Regional Studies, 2011 (18): 47 -61.

[459] Taylor A M, Williamson J G. Convergence in The Age of Mass Migration [J], European Review of Economic History, 1997 (1): 27 -63.

[460] Thodore, W S. Investment in Human Capital [J]. American Economic Review, 1961 (326): 1 -17.

[461] Tiebout C M. A Pure Theory of Local Expenditures [J]. The Journal of Political Economy, 1956 (10): 416 -424.

[462] Todaro, M P. A model of labor migration and urban unemployment in less developed countries [J]. The American economic review, 1969 (1): 138 -148.

[463] Vickrey W. Counterspeculation, Auctions, and Competitive Sealed Tenders [J]. The Journal of Finance, 1961 (1): 8 -37.

[464] Vidal J P. The effect of emigration on human capital formation [J]. J Popul Econ, 1998 (4): 589 -600.

[465] Wang F, Mason A. Demographic dividend and prospects for economic development in China [M]. United Nations Expert Group Meeting on Social and Economic Implications of Changing Population Age Structures, 2007.

[466] Wellisch D, Wildasin D. E.. Decentralized income redistribution and immigration [J]. European Economic Review, 1996 (1): 187 -217.

[467] Wellisch D, Hülshorst J. A Second - Best Theory of Local Government Policy [J]. International Tax & Public Finance, 2000 (1): 5 -22.

[468] Wildasin D E. Income redistribution in a common labor market [J]. American

Economic Review, 1991 (4): 757 -774.

[469] Wildasin D E. Nash equilibria in models of fiscal competition [J]. Journal of Public Economics, 1988 (2): 229 -240.

[470] Wolszczak - Derlacz J. Does Migration Lead to Economic Convergence in an Enlarged European market? Bank i Kredyt, 2009 (4): 71 -87.

[471] Zipf G K. The P 1 P 2/d hypothesis: The case of railway express [J]. The Journal of Psychology, 1946 (1): 3 -8.